中央美术学院设计学院教材-出行创新设计方向

出行创新设计：
概念、范式与案例

Mobility Innovation Design: Concepts, Paradigm, and Cases

王选政 王倩男 王舒同 冯东升 编著

机械工业出版社
CHINA MACHINE PRESS

《出行创新设计：概念、范式与案例》是中央美术学院设计学科教学改革系列教材之一，以出行创新设计为研究对象，从学科基本概念与基础理论、学科动向与范式、课程体系、课程案例等领域展开讲解，在理论层面上梳理了出行创新设计的基础定义、学科方向、学科领域、学科技术和工具，以案例方式归纳总结了出行创新设计教育制度的建立、发展和范式转换，提供了有借鉴意义的出行创新设计课程体系，包括专业认知课程群、专业基础课程群、研究型课题课程群等，提供了大量出行创新设计的产学研合作课程案例。

本书可作为高等院校产品设计或工业设计专业出行相关方向的教材，也可供出行创新设计、交通工具设计、汽车设计领域/专业方向的高校师生、从业者及爱好者参考阅读。

图书在版编目（CIP）数据

出行创新设计：概念、范式与案例/王选政等编著.—北京：机械工业出版社，2023.12
ISBN 978-7-111-74085-8

Ⅰ.①出… Ⅱ.①王… Ⅲ.①交通工具–设计 Ⅳ.①U462

中国国家版本馆CIP数据核字（2023）第197156号

机械工业出版社（北京市百万庄大街22号　邮政编码100037）
策划编辑：孟　阳　　　　　　　　责任编辑：孟　阳
责任校对：龚思文　丁梦卓　闫　焱　责任印制：张　博
北京利丰雅高长城印刷有限公司印刷
2024年1月第1版第1次印刷
184mm×260mm · 12.5印张 · 496千字
标准书号：ISBN 978-7-111-74085-8
定价：99.90元

电话服务　　　　　　　　网络服务
客服电话：010-88361066　机 工 官 网：www.cmpbook.com
　　　　　010-88379833　机 工 官 博：weibo.com/cmp1952
　　　　　010-68326294　金 书 网：www.golden-book.com
封底无防伪标均为盗版　机工教育服务网：www.cmpedu.com

序

中央美术学院的出行创新设计教育始于21世纪伊始，2006年在设计学院正式创立了汽车设计方向。在美术学院设置一个名称看似工科属性很强的专业方向，是基于学院对于汽车设计教育在设计学科发展中的作用与定位的完整研判，也是在当时对全球重要汽车设计专业依存于美术学院体系发展的现象进行调研后做出的决策。另一个重要原因是，中央美术学院一直有着艺术教育为国家和人民服务的传统，对于正在起步发展阶段的国家支柱产业，以设计教育进行助力是责无旁贷的选择。2008年，汽车设计专业命名与国际同类型专业接轨，更名为交通工具设计（Transportation Design），同时通过师资引进、课程合作等方式，在全球化产业标准下开展教学与研究。2017年，全球汽车产业逐步开始发生从制造业到科技业的属性迭代，中国成为世界范围内活跃度最高的汽车产业、出行服务产业创新实验场，汽车设计教育的内涵与面向，业已完成从交通工具到出行创新的升维，该专业正式更名为出行创新设计（Mobility Innovation Design）。如何建构中国式的出行创新设计教育标准和探讨全球产业语境下出行创新设计教育在中国的标准，成为中央美术学院出行创新设计教育面向科教融合、产教融合助力国家发展的重要时代命题。

一、学科概念

从汽车设计到交通工具设计，再到出行创新设计，三个名称代表了三个不同的时间阶段，是三种不同的设计教育概念的逐次升级。

2006年开始的"汽车设计"阶段，概念上意味着初创期聚焦于汽车的造型设计、产品趋势和前瞻设计研究，本质上是按照产业革命产生的专业划分规则，培养直接服务于汽车产业的"技能型"设计人才。进入"交通工具设计"阶段后，在教学活动中引入国际标准，进行系统化升级，在概念上形成了兼具国际产业标准和中国自主产业特色的培养体系。"出行创新设计"的提出，则是为应对全新技术语境和产业迭代而进行的概念创造，概念源自技术驱动却不被技术所桎梏，因此命名中不采用"智慧""智能"等字眼，以"创新"去强调对技术的应用方式开展研究。智能汽车不再只是交通工具或者出行工具，一方面因为无人驾驶技术驱动呈现出的"用户解放"，汽车在使用定义上成为生活体验"跨域集成的平台"；另一方面因为芯片计算能力驱动的"算法门槛"，在商业模式定义上成为未来接入"垄断模式的入口"。因此，寻找新的教育方法回答上述问题是学科概念发展到这个阶段的重要诉求。

出行创新设计强调重构出行创新的设计标准，建立设计研究逻辑，设计和创造改变生活方式、影响生产方式、重塑社会形态的智能移动新物种，研究由新物种与既有社会道具交互形成的场景流，探究新物种与场景流在近景未来社会体系中的"生态位"作用。毫无疑问，出行新物种和场景流是建构出行创新设计教育概念的两项重要抓手。

二、教学逻辑

强调产教融合是出行创新设计教育在中央美术学院的重要逻辑。注重以产业作为学科发展的基础，先后与国家发改委等部委，以及奥迪、一汽、大众、日产、现代、宝马、上汽、广汽、北汽、理想、滴滴出行、韩国首尔设计基金会等企业和机构进行过深度的产学研合作，取得了良好的社会效益和学术影响力。近年来，我们联合北京大学成立了人工智能与设计创新实验室（AI joined Design Innovation Lab）、联合滴滴出行与理想汽车成立了智能移动创新实验室（Intelligent Mobility Lab）、联合华晨宝马成立了未来移动设计实验室（Concept Next Lab），形成了以"出行"为原点，以"创新"为目的的立体教学研究逻辑。目前，中央美术学院的出行创新设计专业与全球十余所院校建立了伙伴关系，进行资源共享、信息分享和教师学生交换项目。

出行创新设计专业致力于建构开放型的教学平台。融合社会、科技、产业、商业、伦理等教学动机，形成以产学研结合的研究型课题课程群为主体，以基础技能课程群、新兴技术课程群和沉浸体验课程群为支撑的教学体系和进阶式的教学路径。以开放的方式组织师资构成，由来自学院、产业一线的设计师及创新人员、国际教授同时为学生授课，强调教学活动中的动态实践和创新驱动。课程组合以未来出行方式为切入点，引导学生以跨域基础研究和设计技术技能为支撑，突破传统产业设计思维方式的定式约束，输出多元化的解决方案。

研究型课题以未来智能移动方式为切入点，引导学生前瞻地研究智能技术给能源、金融、制造等产业带来的影响，同时综合分析城市形态、交通系统、公共空间、生活形态、消费方式、物流系统等在新技术影响下可能产生的变化，分析新技术为社会与环境带来的机遇与挑战，提出未来移动场景的解决方案。学生以逻辑化的方式解决人类社会发展过程中所面临的真实问题，以智慧城市为平台，以智能化移动终端和系统为具体研究对象，构建学生完整的显性知识及隐性知识系统，应对设计方法在新语境下的变化与趋势。

今天，中国汽车产业规模已经稳居世界第一位，依托于庞大的市场、丰富的信息技术产业和创新的设计教育，中国的出行创新设计教育正在逐渐形成在地性的教学逻辑和发展范式。

三、学科范式

中央美术学院出行创新设计专业的学科范式，是基于新能源、共享经济、物联网及人工智能技术发展交织而成的新兴技术社会语境，应对未来移动场景流和正在发生的交通工具属性变革而进行的教学与研究实践。目标是培养具有逻辑分析能力、主动创新能力、技术敏感度且关注社会的青年智识群体，通过可持续化的设计实践成长为未来产业标准的制定者。注重紧跟国家政策，教学、科研内容面向国家经济社会发展的主战场，积极助力国家支柱产业发展和国民经济建设。

从学科方向和培养目标迭代发展的角度看，该专业经历了服务产业的汽车设计、服务产业标准的系统设计、服务人的出行创新设计和服务社会的出行生态位设计四个阶段。前两者是20世纪汽车设计和交通工具设计学科的全部内容，后两者则是进入21世纪后，伴随着技术社会语境变化和产业战略升级后出现的学科内容重构，承载了学科方向的未来发展。

在出行创新设计学科，从信息技术迭代、制造技术发展和信息存储交换载体进化三个层面，将社会发展按时间顺序划分成"生产的设计""设计的设计""界面的设计""计算的设计"四个设计语境。选择上述三个层面进行语境建构，缘于它们是新兴科技与人、社会发生最直接交互关系的要素，是改变设计定义和工作方法的主要动因。汽车设计和交通工具设计学科产生于第二语境，在第二语境中得到充分发展，形成了学科系统和方法。在第三语境阶段，该学科升级成为以研究出行"新物种"与"场景流"为核心的设计。而在第四语境，汽车与人工智能高度融合，形成连接人、社会、自然和赛博系统的重要点位，出行行为的"生态位"及其社会功能研究成为学科的重要内容。

为学生探寻和构建合理的学习路径，平衡学生群体的变量和四个语境之间的关系，是决定出行创新设计教育范式、方法和课程体系的重要标准。

目前，世界汽车产业和设计教育都面临着"百年未有之大变局"，出行创新设计随之进入了新的发展阶段，概念、逻辑和范式正在被快速重新定义，中央美术学院的出行创新设计教育将会长时间保持"待定义"的姿态，回应时代之变和教育之变。

中央美术学院设计学院教授、博士生导师　王选政

前言

为应对全球变革、人才和资源流动、国家创新发展及可持续发展战略，中央美术学院设计学院实施了系列教学改革。通过资源整合、结构调整、体系建构、空间改造、管理机制创新等有效措施，以多学科融合的方式进行教育结构的新布局，从而助推学生深度学习能力提升、个人价值整合、战略意识形成，以及知识体系建构，努力为国家和社会培养具备研究能力、领导能力、创新能力、专业能力的服务社会、面向未来的一流设计人才。对出行创新设计教育而言，除需要应对汽车工业升级所带来的变革外，还需要解决设计教育重构浪潮下的学科定位与方法变革，从汽车设计到出行创新设计，是一次设计教育突破传统产业类型划分束缚的"升维革命"之旅。

作为中央美术学院设计学科教学改革系列教材之一，本书以出行创新设计为研究对象，从学科基本概念与基础理论、学科动向与范式、课程体系、课程案例等多个领域展开讲解，为读者提供以下四方面价值：一、在理论层面上梳理了出行创新设计的基础定义、学科方向、学科领域、学科技术和工具；二、以案例方式归纳总结了出行创新设计教育制度的建立、发展和范式转换；三、提供了有借鉴意义的出行创新设计课程体系，包括专业认知课程群、专业基础课程群、研究型课题课程群等；四、提供了大量出行创新设计的产学研合作课程案例，供读者参考。

本书可作为高等院校产品设计或工业设计专业出行相关方向的教材，可供出行创新设计、交通工具设计、汽车设计领域 / 专业方向的高校师生、从业者及爱好者参考阅读。

本书由王选政、王倩男、王舒同和冯东升编写，其中，王选政负责大纲编制、全书内容编写及审校，王倩男负责全书内容编写，王舒同和冯东升负责资料收集及相关内容编写。特别感谢王凫栋、何松林、高紫玉、刘子阳、张芮馨为本书第二章的编写提供帮助。感谢美国艺术中心设计学院、底特律创意设计学院、英国皇家艺术学院、德国普福尔茨海姆大学和法国斯特拉特设计学院等海外兄弟院校的同学为相应章节的编写提供资料。

由于编者水平有限，本书难免有疏漏或不妥之处，恳请广大读者朋友批评指正。

目录

序
前言

第一章 / 基本概念与基础理论　　　　　　　　8
第一节　基础定义
第二节　学科方向
第三节　学科领域
第四节　学科技术与工具

第二章 / 出行创新设计学科动向与范式　　　　56
第一节　学科发展历史与未来动向
第二节　北美学科发展范式
第三节　欧洲学科发展范式
第四节　中国学科发展范式

第三章 / 出行创新设计课程体系　　　　　　　98
第一节　本科 1 年级课程 / 专业认知课程群
第二节　本科 2 年级课程 / 专业基础课程群
第三节　本科 3 年级课程 / 研究型课题课程群
第四节　本科 4 年级课程 / 毕业设计

第四章 / 出行创新设计课程案例　　　　　　　136
第一节　四次中韩联合 / 为中国未来城市的多元化
　　　　清洁能源无人驾驶出行设计研究课题
第二节　CAFA × SAIC 上汽设计产学研合作课题
第三节　未来 / 共享 / 无人驾驶产学研课题：
　　　　2027 GAC Mobility Icon
第四节　GO PLUS! 2028 Smart Sharing Solution
　　　　理想汽车 / 滴滴出行合作课题
第五节　奥迪 2025 Next Premium 合作研究课题

第一章
基本概念与基础理论

第一节　基础定义

第二节　学科方向

第三节　学科领域

第四节　学科技术与工具

圖/徐逸鑫

出行创新设计，也被表述为交通工具设计，其学科的起点和主要领域是汽车设计。作为全球公认的国民经济支柱产业，汽车工业对于国家经济建设和社会发展有着重要的战略意义，汽车设计则是推动汽车工业发展的重要手段和内容。从蒸汽时代朦胧的设计尝试开始，到20世纪20年代现代汽车设计制度的初步建立，从第二次世界大战后全球化趋势下汽车设计高度专业化的发展，再到21世纪信息技术革命对汽车设计的颠覆性影响，汽车设计以带有不同时代特征的方式塑造了大量优秀的产品，提升了民众的交通出行质量，形成了全新的生活方式，改变了社会发展形态。今天的汽车设计正在被重新定义，不仅是从"汽车设计"到"交通工具设计"的类型扩张，更是在汽车产业智能化、电动化、网联化、共享化的"新四化"背景下，由于汽车产品属性的变化推动了汽车设计定义、内容、方法、理论迭代的发生，汽车设计的支持技术也以摩尔定律[①]的速度进行着更新。因此，汽车设计的核心内容不再只是以"造型"为主导的方式，去赋能产业的发展，而是进化成以创造智能出行新物种和出行行为场景流为核心的设计创新活动，汽车设计也有了崭新的名字：出行创新设计。

出行创新设计概念的提出，是为应对全新技术语境和产业迭代而进行的概念创造，概念源自技术驱动却不被技术所桎梏，用"创新"去强调对技术的应用方式开展研究。出行创新设计对象不再只是交通工具或者出行工具，一方面因为无人驾驶技术驱动造就的"用户解放"，汽车在使用定义上成为生活体验的"跨域集成平台"；另一方面因为芯片计算能力驱动的"算法门槛"，在商业模式定义上成为未来接入的"垄断模式入口"。概念迭代后的变化主要表现在，一方面是依托于汽车工业体系形成的专业汽车设计方法的升级，另一方面则是在新技术语境和新经济模式下汽车设计的定位、目标及愿景的结构性变化。很明显，后者对于由汽车设计教育向出行创新设计教育的变革性发展有着决定作用，尤其是作为产品的汽车在新语境中面临被重新定义的时间点上，汽车产业完成由制造产业到人工智能产业的战略升级后，汽车设计也需要新的定义与之匹配。出行创新设计强调重构汽车产业的设计标准和研究逻辑，设计创造改变生活方式、影响生产方式、重塑社会形态的智能移动新物种，研究由新物种与既有社会道具交互形成的场景流，探究新物种与场景流在近景未来社会体系中的"生态位"作用。毫无疑问，出行新物种和场景流是建构出行创新设计教育概念的两项重要抓手。

对出行创新设计教育而言，除了需要应对汽车工业升级所带来的变革，还需要解决设计教育重构浪潮下的学科定位与方法的变革，从汽车设计到出行创新设计，是一次设计教育突破传统产业类型划分束缚的"升维革命"之旅。

---

① 英特尔前总裁戈登·摩尔（Gordon Moor）指出，最低元件成本下的复杂度大约每年增加一倍，这一增长率至少会维持10年（后修正为每两年增加一倍）。

第一节
基础定义

出行创新设计,传统上一般被称为交通工具设计和汽车设计,它是以汽车、轨道交通、飞行器、水面及水下交通工具、个人交通工具等为对象的设计。为区别于工程设计,现在一般所称的交通工具设计是指涉及艺术设计和人体工程学等方面的产品设计活动。其中,汽车设计是现代交通工具设计的起点,也是最重要的领域。今天的交通工具设计面临着一系列新兴的社会、文化和技术变革,包括与人工智能、自动驾驶、可再生能源以及人机交互方式之间的日益融合,从而进化成为全新的概念——出行创新设计。

一、概述

出行创新设计在历史上的起点需要追溯到汽车设计的出现,当下,汽车设计、交通工具设计和出行创新设计于学科和产业领域呈现出概念迭代、内容并行的存在方式。由于汽车工业的大规模化生产和复杂系统性的特点,汽车设计长期以来紧密地依托于汽车工业而存在。世界上第一个专门的汽车设计部门诞生在 20 世纪 30 年代的通用汽车公司,叫作"艺术与色彩部",从命名可以看出当时汽车设计所涵盖的主要内容。随着汽车工业的发展,汽车设计部门开始形成了外饰设计(Exterior Design)、内饰设计(Interior Design)和色彩与面料设计(Color and Trim)三个相对独立部门协作的结构方式,并且在第二次世界大战后至 21 世纪初这段相当长的时间里保持了这样的方式。进入 21 世纪,随着信息技术和材料技术在汽车工业中的快速发展,色彩与面料设计更新成为色彩、材料与工艺(CMF)设计,用户交互/用户体验(UI/UX)部门开始广泛建立。与此同时,内部各个部门间的边界开始逐渐变得模糊,越来越多的新型部门(例如感官质量等)开始出现在汽车设计的体系之中,而且变得愈加重要(图 1-1)。

对于上述不同的汽车设计构成部门所形成的组合,通常的称谓是汽车主机厂的设计部或者汽车设计公司。按照工作内容所应对的市场功能不同,又分成了量产设计部门和前瞻设计部门两种类型,分别应对面向大众市场的批量化产品设计和以趋势预研为主要目的、以概念车设计为内容的前瞻性产品设计。世界上第一台概念车是诞生于 1937 年的别克 Y-Job(图 1-2),它应用了当时最先进的汽车技术与最前卫的设计

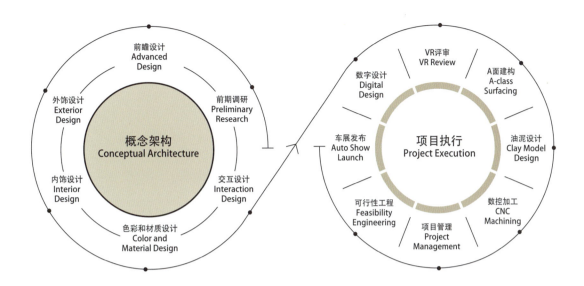

▲ 图 1-1　设计中心架构

语言，承载着品牌对未来的愿景，它诞生的时代，正是北美汽车工业由"卖方市场"向"买方市场"转换的时候——同质化的汽车产品需要前瞻的概念设计来提升品牌竞争力。相对而言，设计师们往往更喜欢概念车的开发工作，因为在这里他们可以相对忽视总布置设计和法律法规等因素的限制，自由发挥想象力和创造性。不过，也有一些概念车的设计贴近量产车型的标准，它们更多地承担着测试市场和消费者反应的任务。量产车的开发按照目的和周期分为全新开发、换代设计、年度型设计等类型。其中，全新开发和换代设计都是针对整车总布置设计、内饰外观、动力系统等方方面面进行全方位设计，区别在于是否有老款车型可供参考。年度型设计，或俗称的"改款设计"，一般不会更改模具成本极高的冲压金属件设计，而是对保险杠、翼子板等部件的造型进行重新设计，用较低的成本保持人们的新鲜感。不过，随着时代的发展，上述分类之间的界限也在逐渐模糊，设计周期也被从几年压缩到两年，甚至更短。

◀ 图 1-2　别克 Y-Job 作为世界上第一台概念车，外观极具未来感，并采用了诸多当时十分先进的技术

二、基本方法与流程

出行创新设计的方法与流程是一个多学科介入的过程，这一属性同时贯穿于汽车设计和交通工具设计阶段。以当下的汽车设计流程为例，其典型阶段一般包括产品规划、用户研究、概念设计、数字设计、设计验证、产品工程、测试发布等阶段，各个阶段中亦包含多个细分步骤及流程（图1-3）。交通工具设计是一门复杂的学科，虽然主要涉及的是车辆的外观和内饰造型，但其受各种因素的制约，包括从工程布置、材料工艺、制造方法到生产方式的限制，以及表面精加工等问题——上述内容几乎都有自己独立的专业标准，由车身工程等方向的专业人员协同负责，整个团队可能由多达500人的项目组成员组成。设计团队和工程团队必须相互合作，以实现形式与功能之间的平衡。

▶ 图1-3 汽车研发与设计的一般流程

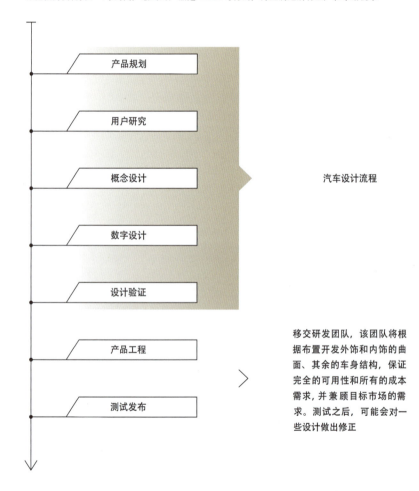

以设计逻辑作为区分,交通工具设计的总体方法可以分为正向设计和逆向设计两种,这种分类方法来自于工程设计中的"正向工程"与"逆向工程"。在早期的汽车设计研发中,一般以正向设计为主,其流程一般由概念设计开始,经过数字建模,最终进入生产制造环节。为减小正向设计流程中的不可预测性,排除汽车设计局部中的不确定性和降低整个项目的修改环节时间成本,产生了逆向设计方法。逆向设计一般以现有产品作为原始模型,通过对原始模型的实验、分析和修改得到相对理想的结果,根据理想结果通过数字扫描等技术辅助手段得到最终的数字模型进而转入下一阶段的研发生产。采用逆向设计的汽车产品,得益于实体模型参与的各种实验和修改,相较于正向设计流程中的虚拟推演具有显而易见的优势,在汽车设计流程中具有节约成本、缩短设计周期、易于修改创新等特点。在当今的汽车设计研发中,一般采取正向设计与逆向设计结合的方法。

汽车设计流程

该阶段通常持续一年多时间,与汽车研发阶段比更加强调设计和前瞻性

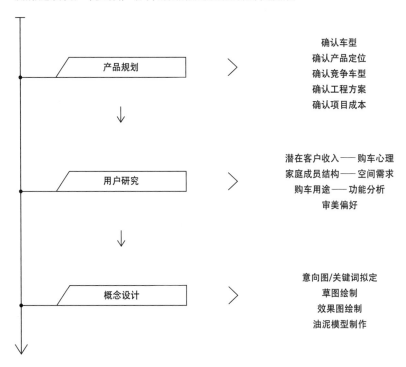

在技术方法层面，近年新兴技术的发展和应用为汽车设计带来了突破性的改变。一方面，虚拟现实技术和实时渲染技术等一系列虚拟仿真技术的应用，使得概念设计、设计评审等环节得以转入虚拟现实的环境，对缩减设计流程中的沟通成本和人员开销、提升设计效率产生了积极影响。另一方面，基于人工智能和机器学习思想的 AI 介入式设计的萌芽，正在对未来汽车设计方法产生颠覆性的影响，越来越多的计算式设计方法和人工智能化的设计模式应用于汽车设计领域，极大地提升了效率，快速地变革了观念。

三、历史沿革与迭代逻辑

毫无疑问，汽车设计及其涵盖的内容是伴随着汽车的诞生而出现的，如果从 1885 年德国人卡尔·本茨[①]发明第一台汽车算起，广义的汽车设计至少存在了超过 140 年。当然，早期汽车工业的先驱们更愿意将自己定位于"发明"和"工程"，因此，当轰鸣的汽车刚刚驶入人类世界时，汽车设计更多地指向了这两者，甚至可以毫不夸张地说，来自设计学科范畴的汽车设计几乎没有对早期的汽车工业产生太多影响。出于这种原因，英文中的汽车设计也经常被具体地表述为"Car Styling Design"，在汽车工业中约定俗成地使用了"造型设计"这个中文词语与之对应。从中不难看出，基于美学基础的产品设计是汽车设计的重要内涵，也是汽车设计服务汽车工业的重要目标——通过设计来提升汽车的产品力和市场竞争力。事实上，1926 年哈利·厄尔[②]在美国通用汽车建立全球首个汽车生产商的专门汽车设计机构——艺术与色彩部（Art and Colour Section，图 1-4），正是因为汽车工业和汽车消费发展到一定阶段后，产生了对于设计（美学）的刚性需求，通用汽车首创的设计部门探索出了汽车设计的基本方法、流程和思路，尤其是在汽车工业体系中明确了现代性的汽车设计制度的角色与分工，这些建设内容逐步成为全球汽车设计的标杆和参照。此前的汽车工业体系中，亨利·福特[③]于 1913 年为福特 T 型车引入的流水线生产方式逐渐成为行业标杆，对整个工业世界的标准化、批量化、效率化生产模式产生了影响，甚至对消费模式和城市结构模式都产生了深远的影响。而在这个过程中，汽车设计几乎是全程缺席的，亨利·福特曾经一直主张汽车只能是黑色的就足以印证这点。值得注意的是，自 20 世纪 30 年代开始，哈利·厄尔特别强调设

▲ 图 1-4 哈利·厄尔与他成立的"艺术与色彩部"

① 卡尔·本茨（Karl Friedrich Benz，1844—1929），德国工程师和企业家，奔驰汽车的创始人，1885 年他设计和发明了由单缸汽油机驱动的三轮汽车，这是全球公认的第一辆汽车。他在 1886 年制造出了第一辆四轮汽车，并正式在欧洲上市。1926 年奔驰公司与戴姆勒公司合并。

② 哈利·厄尔（Harley Earl，1893—1969），出生于美国洛杉矶的好莱坞，公认的"汽车设计之父"。

③ 亨利·福特（Henry Ford，1863—1947），美国汽车工程师和企业家，福特汽车公司的建立者。他也是世界上第一位使用流水线大批量生产汽车的人。他的生产方式使汽车成为一种大众产品，不但革新了工业生产方式，而且对现代社会和文化产生了巨大影响。

▶ 图 1-5 1939 年纽约世博会通用汽车展馆

▲ 图1-6 1939年纽约世博会上，通用"明日世界"馆展出的装置作品"神奇的高速公路"，展现了当时对于1960年大都会城市场景的幻想

计与营销的结合，在汽车研发中引入了"有计划废止制"的方法，将设计创造出来的新形式作为刺激消费的重要手段。不得不说，这与美国消费主义盛行是密不可分的。但遗憾的是，此后20世纪的汽车设计几乎一直沿着这条路径在发展，消费主义在汽车设计中起到了主导性作用，即使在此期间汽车设计不断经历着技术革新，却依然顽强地在汽车工业筑起的商业围墙里前赴后继地创造着协调的比例和优雅的曲面。如同著名英国汽车文化作家托尼·卢因[1]在2017年出版的著作《一本书看懂汽车设计：历史、概念与方法》中所描述的："如今，我们认为汽车拥有高性能和绝对可靠的安全性是再平常不过的事，似乎只有设计才能让一个车型看上去与另一个车型迥然不同……简言之，汽车设计已经成为同质化时代最伟大的差异化因素，设计风格则是叩动客户心扉的新门票。汽车，像时装一样，已经变得工业化、商品化和商业化。时尚因素相较于技术水平而言，更近乎成为推动汽车产业发展的动力。[2]"毫不夸张地说，汽车设计在整个20世纪是"形式感驱动设计"的代表。纽约世博会通用汽车"明日世界"（Futurama）馆（图1-5）的设计，是一个充分体现了消费主义对于未来世界前瞻设计观的作品，将北美消费主义汽车设计的美好愿景拉升到了前所未有的高度（图1-6）。但从20世纪50年代开始，设计领域对于消费主义逐渐产生警惕，并形成反思。早在20世纪30年代，美国设计师富勒就试图通过Dymaxion车型的设计来建构一套不同于当时商业化汽车工业体系的新系统。美国著名的消费活动家拉尔夫·纳德[3]在1965年出版了《任何速度都不安全：美国汽车设计的风险》（*Unsafe at Any Speed: The Designed-In Dangers of the American Automobile*）一书，明确地对美国汽车工业的商业化发展思想提出了批评。更多的反思则集中在学术研究领域，美国著名学者帕帕奈克在1971年出版了《为真实世界而设计》一书，他认为："设计师设计的初衷不应该是为了市场而引诱消费者来买他们并不是真正需要的产品，而是满足大众的设计需求，尤其是那些穷人、病人和老人的需求。"然而，在当时的社

[1] 托尼·卢因（Tony Lewin），著名汽车评论家和汽车文化作家，他的大部分职业生涯都在测试汽车、分析汽车，并书写全球汽车企业的起起落落。他是《欧洲汽车新闻》的定期撰稿人和编辑，并为其他国际出版物定期撰写专栏。

[2] 托尼·卢因.一本书看懂汽车设计：历史、概念与方法[M].王选政，王舒同，译.北京：机械工业出版社，2023.

[3] 拉尔夫·纳德（Ralph Nader，1934—），美国政治活动家、作家、讲师和律师，因参与消费者保护、环保主义和政府改革事业而闻名。他倡导的行动主义促成了多项具有里程碑意义的美国消费者保护立法，包括《消费者保护法》《信息自由法》等。

第一章　基本概念与基础理论

▲ 图1-7 1959年甲壳虫推出的 Think small 系列广告强调了其紧凑、节约的设计

① 亚历克·伊希戈尼斯爵士（Sir Alec Issigonis, 1906—1988），英国汽车设计师，代表作是为英国汽车公司设计的 MINI。

▶ 图1-8 设计师亚历克·伊希戈尼斯爵士与他设计的 MINI 汽车

▶ 图1-9 通用汽车1990年推出的概念车 Impact，随后在其基础上又推出了 EV1 量产车

会环境下，他的观点被视为另类。但无论如何，设计领域在1960年代逐渐形成了对生态问题、可持续发展问题的关注，绿色设计的理念与方法也开始进入汽车产业，引发了汽车设计师们的关注甚至反思，这导致北美汽车设计风格和汽车设计问题在20世纪60年代开始转向。自20世纪50年代开始，诞生于第二次世界大战前的德国"国民车"大众甲壳虫跨越了意识形态鸿沟，开始风靡北美，尤其在1967年嬉皮士进军旧金山的"爱之夏"活动中，处处可以见到甲壳虫的身影——为了迎合嬉皮士，大众汽车甚至推出了 Love Bug 限量版，配套的广告语是"我做我的，你做你的"（We do our thing, You do yours）。毫无疑问，这是对北美消费主义汽车设计反思的符号之一：那些被设计成华丽的、庞大的汽车产品是带有罪恶感的，紧凑的、节约型的设计甚至可以超越意识形态，成为年轻一代的推崇（图1-7）。等到1973年第二次石油危机后，由于欧美世界出现能源紧缺，英国设计师伊希戈尼斯爵士①设计了紧凑的 MINI 汽车（图1-8），形成了全新的汽车使用场景与文化，开启了汽车设计的可持续化概念与观念，汽车设计迎来了新的绿色化趋势起点。

汽车工业战略绿色化趋势变化的尝试最早可以追溯到1990年1月，通用汽车在洛杉矶车展上推出了电动概念车 Impact（图1-9）。同年9月，加州空气质量资源委员会授权汽车制造商从1998年开始分阶段销售电动汽车。从1996年至1998年，通用汽车生产了1117辆电动汽车 EV1，其中800辆是通过三年的租赁形式供应的。同一时期，克莱斯勒、福特、本田和丰田公司也为加州输送了数量有限的电动汽车。但整个20世纪90年代，电动汽车并未成为市场主流，也未成为汽车设计

◀ 图 1-10　2011 年量产的纯电动汽车日产聆风

的构成内容。20 世纪末和 21 世纪初，由于石油运输基础设施对环境影响日益加剧以及对石油枯竭的恐惧，对新能源汽车以及电力运输基础设施的研发重新进入大众视野。2003 年 7 月，特斯拉公司（Tesla Motors）正式成立，据现任首席执行官马斯克（Elon Musk）称，特斯拉的目的是帮助汽车工业加快向通过电动汽车和太阳能获得的可持续运输和能源转变。2011 年，日产推出了纯电动汽车聆风（Leaf，图 1-10），这是 21 世纪以来第一款实现大批量生产的纯电动汽车。中国是全球对于电动汽车最为热衷的国家之一，政府出于安全、技术、能源等角度考虑，大力发展电动汽车。作为全球最大的汽车消费市场，中国这一举动推进了电动汽车在全球的发展。21 世纪的前 20 年，智能化的电动汽车日渐崛起。但绿色化趋势对于汽车设计的定义没有产生颠覆性影响，因为这个时期的汽车设计仍然是在汽车工业竞争体系中，以设计风格为品牌赢得市场的重要手段。由于设计风格的日渐趋同化，甚至有人将这个时期定义为汽车设计的瓶颈期。

真正的变革出现在 21 世纪第一个 20 年要结束的时候，新能源汽车市场的不断膨胀引发了汽车智能化革命，进而触发了车企战略定位的大变革时代。称其为大变革，一方面是因为变革的剧烈程度，另一方面是因为变革的更新频率。大众汽车集团在 2016 年启动的"TOGETHER Strategy 2025"战略，旨在转型为全球领先的可

◀ 图 1-11　大众汽车未来中心设计的 Sedric 概念车

第一章　基本概念与基础理论

▶ 图 1-12 丰田"编织之城"智慧城市概念,该项目于 2021 年在日本静冈县动工

持续出行服务供应商,2019 年又提出"为后代塑造未来出行"的全新愿景。与之对应的是,大众在原有的汽车设计体系之外又成立了大众汽车未来中心(VW Future Center),将造型设计师、体验设计师、交互设计师、心理学家、市场专家、材料专家等组织在一起,进行全新的产品开发与设计,大众 Sedric 概念车(图 1-11)就是来自未来中心的设计作品。从中不难看出,拥有 L5 级无人驾驶技术的 Sedric,既有汽车设计所赋予的"造型",又有跨学科协作设计留下的浓重"破界"特征。大众的转型策略成为当时众多汽车制造商转型的缩影。一时间,汽车制造商纷纷开始向出行服务供应商转型。法国标致雪铁龙、日本丰田、韩国现代等企业纷纷将企业战略定位转变到汽车制造商与智能出行服务供应商并重的层面。丰田汽车希望在 2020 年东京奥运会时推出全系列的智能化出行工具,从中可以看出他们对于出行体验和生活场景无缝连接的努力,他们甚至在富士山下建立了名为"编织之城"(Woven City)的智慧城市,来进行关于新出行与人居生活的实验(图 1-12)。特斯拉汽车和中国新兴的具有互联网背景的汽车制造商(如蔚来汽车、理想汽车等)则直接宣称自己为智能化企业,而非传统的制造企业。反映在汽车设计上,汽车造型语言愈加信息产品化,北美电子消费展(CES)近年来大有取代全球重要车展的趋势从侧面印证了这一点,同时也预示着汽车在内燃机时代被定义的交通工具属性消费,正在转向清洁能源时代被定义的智能化信息产品属性消费。汽车设计的传统经验标准开始重构,2019 年特斯拉发布了 Cybertruck(图 1-13),成为汽车设计标准重构的标志——一台毫无"专业化"汽车设计语言的"丑八怪"——被职业汽车设计师诟病,却被新世代受众所推崇。汽车设计第一次面临着原有经验体系、标准体系被完全推倒的挑战。然而这只是开始,2021 年的特斯拉人工智能日上,马斯克在发布一个人形机器人的同时,公开声明"特斯拉一直就是一家机器人公司"。紧随其后的是韩国现代汽车,早在几年前他们就收购了明星机器人公司波士顿动力[①]。通过多年的积累,2022 年的 CES 上,现代汽车发布了融合元宇宙、机器人、智能出行等要素的全新企业战略"拓展移动出行体验"(Expanding Human Reach,图 1-14)。至此,现代汽车也是名副其实的机器人企业了。汽车借助智能出行与机器人融为一体,不再是明天而是当下。中国的互联网巨头百度携手汽车制造商吉利创立的集度汽车(旗下有极越品牌),在品牌日直接官宣为机器人企业,而小米、华为等信息产业巨头也纷纷入场。上述种种现象可以很容易地勾勒出智能汽车的发展目标:机器人——汽车将是个体人可以使用的最大的移动终端和算力中心——既是通往未来的绝佳接入口,也是链接未来人类社会的最佳接入点与生态位。只是那个时候已经不能再称之为"汽车",新物种已然诞生,而应对新

① 波士顿动力(Boston Dynamics)是一家成立于 1992 年的美国机器人设计公司,最早隶属于麻省理工学院。该公司以开发一系列动态高机动机器人而闻名,包括为美国军方设计的四足机器人 BigDog、创造腿式机器人速度纪录的 Cheetah、商用四足机器人 Spot 和双足人形机器人 Atlas 等。

◀ 图 1-13 特斯拉 2019 年发布的 Cybertruck 概念车

物种的设计手段,同样不能再称作"汽车设计",正处于待定义的阶段。

在转型的大背景下,汽车设计概念的实质内容发生了进一步扩展和重心偏移,"汽车"一词的含义突破了原有的交通工具属性,向具有移动属性的智能空间转变,甚至"空间"的存在方式也将转变。汽车设计的职能也发生了由诞生之初的商业设计至体验设计的转变、由为汽车造型到为产业赋能再到现阶段为社会赋链的根本性转变。汽车设计教育在时代的变迁中始终根植于产业、社会背景,其定义亦由 20 世纪初的汽车设计、交通工具设计转为现如今面向出行语境下的智能出行设计和出行创新设计。

▼ 图 1-14 2022 年,现代汽车发布"拓展移动出行体验"战略

第一章 基本概念与基础理论

第二节
学科方向

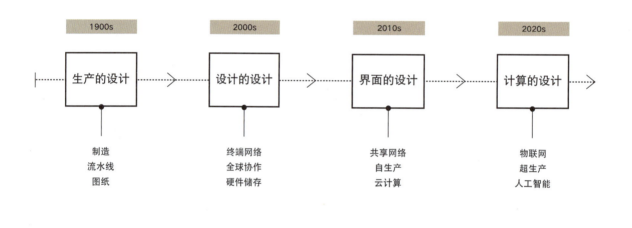

▲ 图1-15 设计发展的四个语境

一、学科语境

研究学科的迭代，分析其所处的时代语境是有效的方法。如果将 19 世纪起源于英国的工艺美术运动作为现代设计的起点进行断代，我们可以从时效性的"新兴科技"所包含的信息技术迭代、制造技术发展和信息存储交换载体进化三个层面，将社会发展按时间顺序划分成"生产的设计""设计的设计""界面的设计""计算的设计"四个语境（图 1-15），不同时间的语境中，对设计的定义和设计的工作方法是截然不同的。选择上述三个因素进行语境建构的原因在于，这些因素是新兴科技最直接地与人、社会发生交互关系的要素，也是改变宏观设计定义和工作方法的主要动因。

◀ 图1-16 近年来，汽车交互界面出现"大屏化"潮流

第一语境："生产的设计"

建立在无计算机与互联网时代的、基于流水线生产并依靠纸面媒介记载、交换信息的设计语境，设计在此语境中的主要作用是为大规模的产业生产服务，通过专项技能进行附加价值创造，主要结果体现在完整的终端产品设计上。与之对应的社会背景是第一次工业革命，以及由此产生的科技体系。

第二语境："设计的设计"

计算机和终端网络的产生，改变了信息的记录与交换方式，数据可以通过计算机进行存储与编辑，通过互联网进行交换，由此导致了全球规模的生产分工与协作的可能性。设计开始改变从属于产业的局面，逐步成为具有独立学理结构的学科，形成了以"设计"为概念的全新社会功能角色。与之对应的是新兴科技诞生前的技术曙光期，既信息技术初步介入传统科技，诱发了技术转型。

第三语境："界面的设计"

移动互联网（共享网络）的出现再次迭代了信息记录与交换方式，云端存储和云计算也进一步推动了技术的发展，使科技前所未有地与末端受众直接联系。在全球产业协作的基础上，以3D打印为代表的增材生产技术快速发展，符合个体需求的智能化"新物种"成为产业的重要诉求。如何以恰当的界面（物理界面和虚拟界面）来提供用户对于新技术、新服务的认同成为设计的重要功能，也使设计开始作为"界面"的方法参与到社会创造活动中，形成了全新的带有社会属性的设计语境（图1-16）。与之对应的是新兴科技的全面成熟，新兴科技系统的最末端也充分渗透到社会的各个构成因子之中。

第四语境："计算的设计"

前田约翰[①]在《科技中的设计》（*Design in Tech*）报告中提出了计算设计的概念。物联网、自生产和人工智能构成了计算设计语境，去中心化的计算方法与机器学习，将把"界面的设计"语境中的设计内容与设计方法完全重构，设计不再是基于某种产业领域的特定工具，也不是特定社会领域的创新方法，而是进化成为"去中心化社会"

---

① 前田约翰（John Maeda），美国技术专家和设计师，曾任罗德岛设计学院院长、MIT媒体实验室负责人以及多家技术公司高管。他的主要研究方向是探索商业、设计与技术融合的可能性，帮助企业将战略和工程与计算设计联系起来。

▶ 图 1-17 计算设计:中国设计师张周捷采用计算设计方法创造的座椅系列《无尽之形》

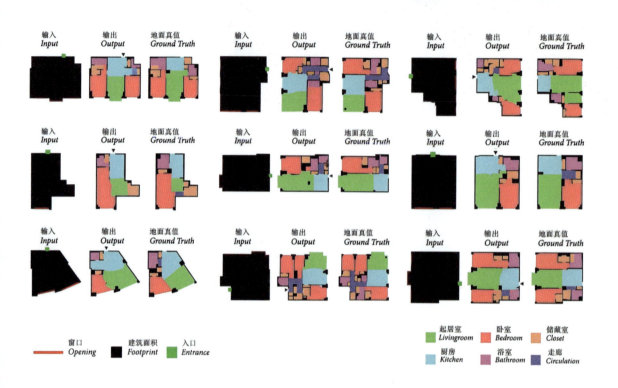

▲ 图 1-18 哈佛大学研究人员斯坦尼斯拉斯·夏尤(Stanislas Chaillou)开发的人工智能设计项目 ArchiGAN,用于公寓建筑设计的生成堆栈

① 一般认为蒸汽技术革命是第一次工业革命,电力技术革命是第二次工业革命,计算机及信息技术革命是第三次工业革命,数字化和机器自组织生产是第四次工业革命。

中大众进行"自组织"的工具,其作用是以设计为工具影响和变革社会进程,创造可持续的、带有同理心的新型社会价值(图 1-17、图 1-18)。我们正在迎接这一社会语境的到来,新兴科技在此语境阶段由于机器学习的存在,衍变成高度"傻瓜化"的状态,人人皆是设计师(或者说设计成为人的必备技能之一)的时代开启了,与该语境对应的是尚未开始的第五次工业革命①。

四个语境的发展过程既是学科方向变量产生的背景,也是变量呈现出的基本特征。当设计教育面对上述语境进行系统建构时,必须要面对教育对象认知方式、工作方法和价值认同的高速转变,转变速度与社会语境发展的变量是同步的,同时存在着"加速度"——每次变量的迭代时间都会比上一次的时间更加紧凑,导致设计和设计教育在当下面临着空前的挑战和再定义的需求。汽车设计和交通工具设计产生于第二语境,在第二语境中得到充分发展,形成了学科系统和方法。在第三语境中,学科概念升级成为出行创新设计,强调以研究出行为核心的"新物种"与"场景流"设计。而在第四语境中,汽车与动态人工智能高度融合,形成链接人、社会、自然和赛博系统的重要锚点,出行行为所处的生态位和由此产生的社会功能成为重要的学科构成内容。

二、学科方向与目标

出行创新设计教育与汽车工业结合密切，以产学融合为特色进行学科组织，形成了融合技术与美学在内的教学体系与方法。

从学科方向和培养目标迭代发展的角度看，本学科经历了服务产业的汽车设计、服务产业标准的创新设计、服务人的出行创新设计和服务社会的出行生态位设计四个阶段（图1-19）。前两者是20世纪汽车设计和交通工具设计学科的全部内容，后两者则是进入21世纪前半叶开始，伴随着技术社会语境变化和产业战略升级出现的学科内容重构，发展时间短暂，但承载了学科方向的未来发展。第一个阶段发生在汽车诞生初期，汽车设计主要是在技术驱动下，为提供性能更优良、更适合批量化生产的产品所做出的努力。第二个阶段，汽车行业在消费者与消费主义的反复博弈中，建立了一系列有关设计流程、造型更新频率、安全性、燃油经济性、环境友好等内容的相关标准，设计的任务是在这些标准的推动和限制下，为企业获取更大的利润。当下，随着技术发展，汽车属性正在由交通工具向移动空间转换，汽车制造商转变为出行服务提供商成为行业公认的发展趋势，学科进入了第三个发展阶段——服务人的出行创新设计。此外，行业也意识到，随着人工智能技术的进步，未来的移动空间可以与物联网、机器人等技术相结合，在更广泛的生态位上服务于社会。汽车可以通过定制化设计，为用户提供量身定制的商品和服务，并与城市的发展共同进步。共享、互联的无人驾驶平台将服务于未来出行和物流，并为新的商业模式提供可能性。这标志着学科再次进入新的发展阶段。

中央美术学院设计学院出行创新设计学科的目标是培养具有逻辑分析能力、主动创新能力、技术敏感度和关注社会的青年智识群体，通过可持续化的设计实践成长为未来产业标准的制定者和技术社会生态位的发现者。本学科注重紧跟国家政策，教学、科研内容面向国家经济社会发展的主战场，积极助力国家支柱产业发展和国民经济建设。

本学科初创期聚焦于链接汽车工业的产品趋势、造型设计和前瞻系统设计研究，即汽车设计和广义的交通工具设计。伴随技术社会语境变化和产业战略升级，转向了关注以智能出行（smart mobility）为核心的、以智慧城市（smart city）为平台的、待定义的出行"新物种"与"场景流"研究，尤其是思考在新冠肺炎疫情引发的全球生态危机背景下，如何发现出行行为以及出行系统在技术社会的合理生态位，协同汽车产业以"碳中和"为近景目标展开设计教学与研究。例如，2019年，专业在与现代汽车合作进行的"为中国未来城市的多元化清洁能源无人驾驶出行设计研究"课题

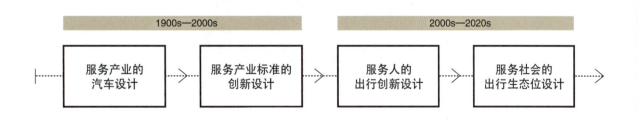

▼ 图1-19 学科方向和培养目标迭代发展示意

第一章 基本概念与基础理论

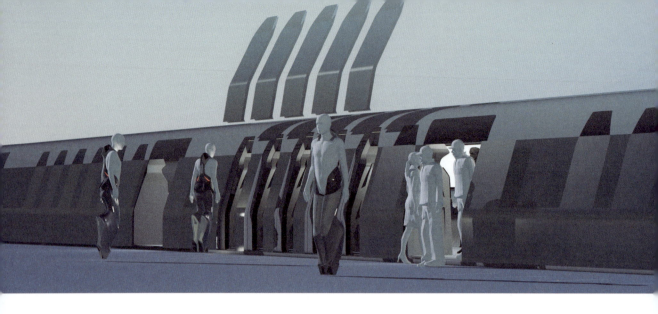

◀ 图 1-20　杨诚作品，"Re-Stro"智能可穿戴出行系统，"为中国未来城市的多元化清洁能源无人驾驶出行设计研究"课题作品，CAFA×Hyundai Motor 产学研合作课题，2019 年。可穿戴的个人交通工具可与太阳能充电系统、轨道交通系统等城市基础设施相结合，提供更清洁、高效的出行方式

中，探讨了移动型人工智能如何更好地服务于人和出行，物流系统与智慧城市如何结合，以及如何设计"设计的方法"等话题（图 1-20）。2020 年，为应对新冠肺炎疫情，专业从无人驾驶和人工智能技术辅助视角，提出了应对方案——自动驾驶平台可以作为流动的抗疫平台，帮助进行消毒和病人转运等工作（图 1-21）。2021 年，在现代汽车收购波士顿动力的背景下，专业再次对无人驾驶汽车与机器人技术结合的可能性展开探讨，并从"机器替代人"（Robot replace People）、"机器与人协作"（Robot with People）和"机器与人融合"（Robot mix People）三个角度阐释了未来移动型人工智能在社会中可能的生态位（图 1-22）。未来，机器人与汽车的边界将变得模糊，无人驾驶终端可能替代人进行高危工作，也可能从旁辅助人工作，或以可穿戴设备的形式与人混合，以不同的形态替代现有的人工或机械，使得现代生活变得更安全、高效、环保（图 1-23）。

2006 年，本学科在中央美术学院设计学院创立时定名为"汽车设计"专业，2008 年专业名称升级为"交通工具设计"，2018 年正式更名为"出行创新设计"专业。与此对应，全球同类学科几乎都在 2018 年前后完成了学科名称变更，绝大部分选择了以"出行"（mobility）对学科命名，通常会采用"智慧出行"或"智能出行"进行表述。中央美术学院以"创新"来表述专业名称，主旨在于协调技术与设计的关系，即如何以技术为触点形成设计的方法。

▶ 图 1-21　刘子阳作品，"ASKO"5G 智能城市救护单元，"非常疫情，丹青助力"活动作品，CAFA×SAIC 产学研合作课题，2020 年。基于自动驾驶平台的智能转运车可以实现病人转运过程的无人化，实现与病房的无缝衔接，从而降低疫情传播风险

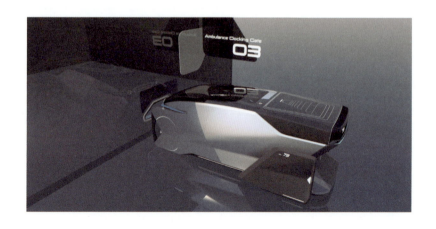

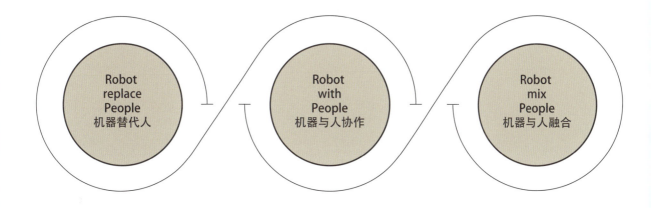

▲ 图 1-22 未来移动型人工智能在社会中可能的生态位

三、学科逻辑

出行创新设计致力于建构开放型的教学平台，融合社会、科技、产业、商业、伦理等教学动机，形成以产学研结合的研究型课题课程群为主体，以基础技能课程群、新兴技术课程群和沉浸体验课程群为支撑的教学体系和进阶式的教学路径。以开放的方式组织师资构成，由来自学院、产业一线的设计师及创新人员、国际教授同时为学生授课，强调教学活动中的动态实践和创新驱动。课程组合以未来出行方式为切入点，引导学生以跨域基础研究和设计技术技能为支撑，突破传统产业设计思维方式的定式约束，分析新技术为社会与环境带来的机遇与挑战，输出多元化的未来移动场景的解决方案。主干教学内容为研究型课题，以未来智能移动方式为切入点，引导学生在大量背景研究的基础上，突破传统设计思维方式的约束，前瞻性地研究智能技术给能源、金融、制造等产业带来的影响，同时综合分析城市形态、道路交通系统、公共空间、生活形态、消费方式、物流系统等在新技术影响下可能产生的变化，分析新技术为社会与环境带来的机遇与挑战，提出未来移动场景的解决方案。学生以逻辑化的方式解决人类社会发展过程中所面临的真实问题，以智慧城市为平台，以交通工具终端或系

▼ 图 1-23 王昱辰作品，"COLLIE"动物保护机器人设计，"为中国未来城市的多元化清洁能源无人驾驶出行设计研究"课题，CAFA×Hyundai Motor 产学研合作课题，2021 年。无人驾驶终端与机器人的概念混合，替代人类前往偏远、危险的地区，执行野生动物保护任务

统为具体研究对象，构建学生完整的显性知识及隐性知识系统，应对设计方法在新语境下的变化与趋势。

在学科建立的初期，专业主要参照国外标准，以西方国家成熟的教学体系为参照，并逐步摸索适合中国产业发展模式的教学体系。今天，中国汽车产业规模已经稳居世界第一，依托于庞大的市场、丰富的信息技术产业和创新的设计教育，出行创新设计教育正在形成中国在地性的教学逻辑和发展范式。从汽车设计到交通工具设计和出行创新设计，是三种不同设计教育概念在不同时间段的逐次升级。"汽车设计"阶段，在概念上意味着聚焦于汽车的造型设计、产品趋势和前瞻设计研究，本质上是按照产业革命产生的专业分工原则，培养直接服务于汽车产业的"技能型"设计人才。与国际同类型专业进行命名接轨进入"交通工具设计"（Transportation Design）阶段后，通过引入国际教育标准进行系统化升级，在概念上形成了兼备国际产业标准和深谙中

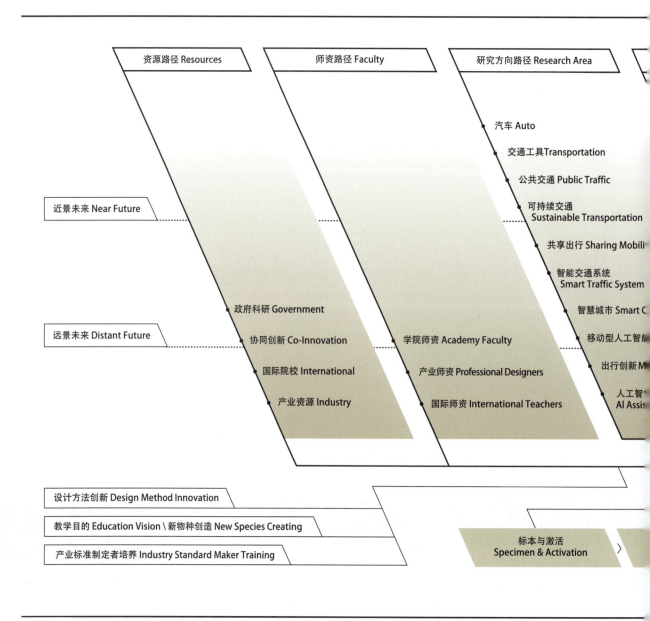

国产业特色的培养体系（图1-24）。"出行创新设计"概念的提出，则是为应对全新技术语境和产业迭代而进行的概念创造，概念源自技术驱动却不被技术自身所桎梏，因此命名中不采用"智慧""智能"等字眼，而用"创新"去强调对技术的应用方式开展研究。

设计师和设计史作家安杰罗·蒂托·安瑟米（Angelo Tito Anselmi）[①]在1978年出版的《意大利车身的历史》（*Storia della carrozzeria italiana*）中对汽车造型发展作了一番分析。他认为汽车的造型发展史可分为八个基本阶段：第一阶段是工业原型车阶段（以1912年的菲亚特Zero为例）；第二阶段是1920—1930年的经典车型阶段（作者归为"经典成熟阶段"）；第三阶段是流线型阶段（在汽车设计中考虑到空气动力学的各个方面）；第四阶段为车身雕刻阶段（由1946—1947年的西斯塔尼亚202车型创造）；第五阶段为"美国风"的样式设计（从20世纪50年

① 安杰罗·蒂托·安瑟米，意大利汽车文化作家，编辑。

▼ 图1-24 出行创新设计学科教学逻辑

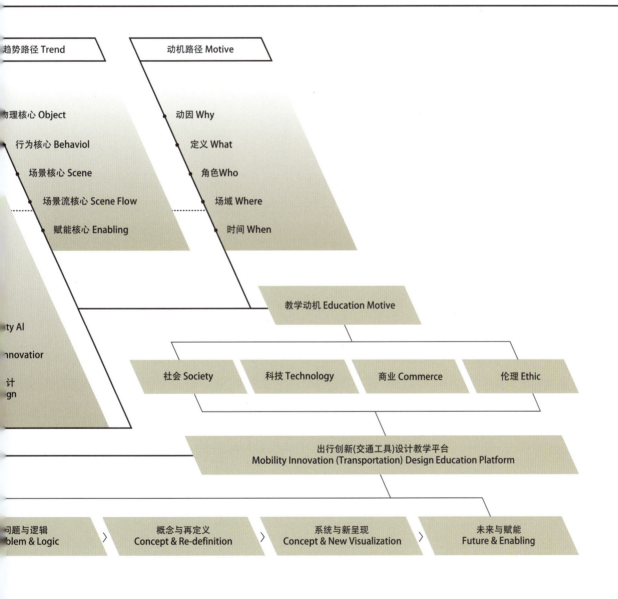

图 1-25 安杰罗·蒂托·安瑟米归纳的车身造型发展历史

代开始）；第六阶段是汽车理念诠释阶段，主要是在欧洲，特别是在意大利流行（以 1957 年的蓝旗亚 Flaminia Berlina 为例）；第七阶段是 20 世纪 60 年代的激情阶段；第八阶段是当代汽车设计阶段，在这一阶段，现代设计的概念广泛传播，并将更精确的美的定义运用到汽车设计中（图 1-25）。

安瑟米的分析是按照车身造型发展史进行梳理的，如果把历史的眼光转移到创新过程的现代价值上来，从更广阔的角度来进行分类，包括设计师、产品、环境参照和非常重要的用户与产品之间的交互关系等更广阔的研究领域，则出行创新设计学科的逻辑划分可以定义为以下发展阶段。

<u>1894—1927 年 卡尔·本茨到亨利·福特：以技术发明为主导的汽车设计</u>

在汽车发明之初，不少德国普通民众认为它是一种由"巫术"驱动、不需要马匹就可以奔驰的马车。早期的汽车造型设计只是简单继承了来自马车时代的结构与外观，更多地被视为一种装饰艺术，而没有形成独立的造型逻辑。因此，20 世纪初，在汽车只能小规模手工生产、更多是作为贵族和有钱人玩物的年代里，汽车设计主要受到当时装饰艺术领域潮流的影响——新艺术运动和它在世界各地的支流。新艺术运动代表性的"曲线风格"深刻影响了汽车设计，各种优雅而华丽的卷曲曲线不仅大量出现在车身上，也出现在同时期的建筑、家具、首饰和各种装饰品上。这一时期的车身就像一个盒子，它的任务只是把汽车的各种零部件装起来，而不需要考虑太多其他因素。

◀ 图 1-26 保罗·加雷设计的具有流线型车身的奥迪 Type K

福特模式的出现改变了这一状况——为满足流水线上的大规模批量生产需要,车身造型必须更简单、成本更低廉。车身设计转而由工程师们操刀,他们大多有设计船舶和飞艇的经验,不再被马车时代的造型所束缚,而是从最新的空气动力学研究成果中汲取灵感。1925 年,工程师保罗·加雷(Paul Jaray)为他开发的流线型车身(图 1-26)申请了专利,这种车身具有极低的风阻系数。区别于上一时代的造型设计,这种新的车身造型是非常整体的,并且满足大批量工业生产的需求。流线型的独特造型在当时非常吸引眼球,被视为未来感的标志,受到了全世界的狂热追捧。费迪南德·保时捷在为德国政府设计的"KdF-Wagen"(后被称为甲壳虫)中,也借鉴了流线型的造型。后来人们发现,把流线型水滴的尾部截断,可以让气流在尾部的垂直表面处形成一股湍流,从而获得更好的空气动力学性能,将流线型车身进一步升级为"Kammback"(卡姆式车尾)。这也是今天绝大部分汽车设计所采用的造型。总而言之,汽车诞生初期的汽车设计,是在技术推动下,以提供性能更优异、更方便生产的产品为目的而不断演化的。

<u>1927—1959 年 哈利·厄尔和雷蒙德·罗威:工业化与消费主义背景下的汽车设计</u>

福特主义的流水线制度极大地改变了现代生活。随着福特主义的兴起,消费品价格大幅度降低,美国进入了被后世称为"咆哮的二十年代"的史无前例的繁荣时期。同样的故事也发生在第二次世界大战后经济快速恢复的欧洲,大量人口随着产业的繁荣涌入城市,他们渴望用"消费品"来定义自己的身份:冰箱、洗衣机、电视机,外观千篇一律的独栋房屋,以及一辆汽车——这是他们心目中理想的中产阶级生活方式不可或缺的组成元素。20 世纪 20 年代中期,通用汽车公司总裁兼首席执行官艾尔弗雷德·斯隆①意识到,汽车不应当仅仅注重实用性,还要能激起人们美好的想象。当时,福特凭借 T 型车在行业内占据了几乎垄断的地位,拥有过半的市场份额,但这位产业巨头坚持只生产最简单实用的汽车。为了与福特竞争,斯隆将通用汽车划分为五个品牌,覆盖不同价位,满足从蓝领工人到绅士精英等不同阶层的需要,这是现代市场细分方法的第一次提出。

在斯隆的营销战略里,造型设计要比工程设计更重要。因此,他在 1927 年成立了"艺术与色彩部"(1937 年更名为"通用汽车造型部"),并任命才华横溢的哈利·厄尔担任部门主管。他要求厄尔每年为每一条生产线都提供新的造型,以保持消费者对

① 艾尔弗雷德·斯隆(Alfred P. Sloan,1875—1966),美国企业家,曾长期担任通用汽车公司总裁、董事长兼首席执行官。斯隆是在管理与商业模式上创新的代表人物,他通过年度车型变更、品牌架构、工业工程、汽车造型设计和计划性废止深刻改变了汽车行业,进而改变了美国乃至全世界的生活方式。

① 雷蒙德·罗威（Raymond Loewy，1893—1986），一位在法国出生的美国工业设计师，被称为"工业设计之父"，对美国工业设计的发展、工业设计师的职业化以及设计学科的建立做出了重要贡献。他的代表作品包括可口可乐瓶、壳牌公司商标、美国邮局服务徽章等。《纽约时报》曾评价他"塑造了现代世界的形象"。

② William Knoedelseder. Fins: Harley Earl, the Rise of General Motors, and the Glory of Detroit[M]. New York: Harper Collins Publishers, 2018.

新产品的期待，这随后成为汽车设计的行业标准之一。为了满足这一需求，厄尔组建了由设计师、绘图员、油泥师、木工与金属工、制版师等人员组成的团队，并制订了一套可以快速研发新造型的工作流程，这些也成为现代汽车设计团队和标准流程的雏形。他引入的以油基黏土（业内称为"油泥"）制作精细的1:1汽车模型的方法沿用至今，仍然是汽车设计过程中不可替代的标准环节。在厄尔的推动下，造型上的美学要求第一次开始反过来影响工程设计。1939年的纽约世博会上，展出了"工业设计之父"雷蒙德·罗威①设计的流线型火车头（图1-27），这一应空气动力学需求而诞生的造型不仅在移动工具上流行开来，也流行于面包机、熨斗和订书机等非移动工具。受到航空领域热潮的影响，许多车型上甚至出现了极度夸张、毫不实用的尾翼造型（图1-28）。

这一时期，汽车设计的主要诉求是帮助企业全方位满足消费者的需求，从而获取更大的商业利益。雷蒙德·罗威称"最美的曲线是销售上升的曲线"，而厄尔的设计策略不仅给通用带来了空前的成功，同时也给汽车产业带来了巨大的繁荣。厄尔在1955年发表的一篇文章中直言不讳地宣称："我们（作为汽车设计师）最重要的工作之一就是加速淘汰。"为了有条不紊地实现"有计划废止"，刺激消费者不断抛弃旧产品、购买新产品，汽车设计行业从无到有地建立了诸多方法、流程和标准。汽车的平均持有时间从20世纪30年代的5年缩短到20世纪50年代的2年。不过，当时也有很多人注意到消费主义带来的种种负面效应。人们批评"设计并没有让汽车变得更好，只是让它看起来不一样了②。"即使是进行了大量成功的商业化设计的雷蒙德·罗威，也对当时美国汽车造型的现状进行了尖锐的抨击："今天的设计师被要求'给

▶ 图1-27 雷蒙德·罗威设计的流线型火车头

▶ 图1-28 1957款雪佛兰Bel Air，消费主义时期美国设计的代表

公众提供他们想要的东西'，而'公众想要的东西'正被转化为华而不实、花里胡哨、博人眼球的东西。'能吸引注意力的汽车'已经产生了巨大的影响，对于不了解我们的人来说，它几乎是美国思想和道德的象征。""我认识的许多真正有创造力和想象力的造型师和设计师在今天的工作中似乎都很受挫[①]。"这为之后对消费主义的反思埋下了种子。

1959—1992 年 甘迪尼与乔治亚罗：汽车设计新标准的建立

1958 年，欧盟的前身欧共体成立，标志着欧洲作为经济体的统一，这让原本各自为政的欧洲汽车市场爆发出新的活力。20 世纪 60 年代，嬉皮士运动和"五月风暴"相继席卷北美与欧洲，叛逆成为这一代年轻人的标志，代表旧时代的豪华汽车在巴黎街头被大量掀翻、烧毁，而紧凑、另类的甲壳虫则在嬉皮士运动中登顶成为新的文化符号。

此时，延续了将近 40 年的流线型风格和消费主义已经让人们感到厌倦，经过多年的"洗脑"，人们早已习惯于广告的诱惑，变得冷静、挑剔，并更加注重对自身权益的保护，这催生了汽车史上的一系列重要制度和安全的变革。经过两次石油危机，人们开始意识到可持续发展的重要性，相比于奢华、巨大的汽车所象征的"身份"，紧凑、环保、经济的车型所象征的"个性"成为新的时尚。

与此同时，年轻的汽车设计师们也即将开始他们的革命，主导汽车设计的美学原则发生了巨大变化。随着车速的提高，经典的流线型已经达到极限：升力会使汽车失去与地面的接触，从而导致危险。为了提升气动稳定性，楔形车是必然的选择。马塞罗·甘迪尼[②]和乔治亚罗[③]设计的一系列车型成为这一时期的经典，博通（Bertone）和 Italdesign 设计工作室也随之享誉世界。他们用一种更加理性、冷静的态度协调车身的内外关系，让车身结构具有建筑般的合理性，而外表面则尽可能平整，充满几何的美感。有学者将乔治亚罗设计的菲亚特 Panda（图 1-29）比喻为"柯布西耶'居住机器'的汽车版本[④]"。这种设计风格一经推出便受到了无数厂商的争相模仿，从而成为当时最流行的设计风格。不过，这一时期的设计也常常被诟病为"无聊的设计"，这是因为汽车技术已经发展到一个瓶颈期，很少再有新技术出现，并且由于一系列技术交换的协议，各个厂商之间的技术高度同质化。于是，制造商们设计的重点从单独的"产品"转向了整体的"品牌"。1980 年，奔驰设计主管布鲁诺·萨科（Bruno Sacco）提出了"卡尔斯鲁厄理论"，主张通过系统性的设计强调品牌认知：一方面，

[①] William Knoedelseder. Fins: Harley Earl, the Rise of General Motors, and the Glory of Detroit[M]. New York: Harper Collins Publishers, 2018.

[②] 马塞罗·甘迪尼（Marcello Gandini），意大利著名汽车设计师，长期服务于汽车设计公司博通，代表作包括兰博基尼 Miura、Countach 和 Diablo。

[③] 乔治亚罗（Giorgetto Giugiaro），意大利著名汽车设计师，曾供职于菲亚特、博通、吉亚，并创建了自己的汽车设计工作室 Italdesign。1999 年，他被评为"世纪汽车设计大师"（Car Designer of the Century）。

[④] Paolo Tumminelli. Car Design Europe: Myths, Brands, People [M]. Augsburg: teNeues, 2011.

◀ 图 1-29 乔治亚罗 1980 年设计的菲亚特 Panda

① 让·弗朗索瓦·利奥塔（Jean-Francois Lyotard，1924—1998），当代法国著名哲学家，后现代思潮理论家，解构主义哲学的杰出代表。

② 克里斯·班戈（Chris Bangle），美国著名汽车设计师，曾任宝马集团设计总监，负责宝马、MINI 和劳斯莱斯汽车的设计工作。

一个车型和它的垂直后继车型之间的风格应当有继承性，而不是推倒重来；另一方面，应当将代表性产品的风格元素平移到整个车型系列中，以亲缘感代替个性化。这一主张得到了行业的广泛认同，汽车设计进入了"套娃"时代。与此同时，对燃油经济性的重视让风阻系数成为衡量汽车造型设计的重要指标，每一款新车都要经受风洞的检验，这也成为汽车设计的新标准之一。

在《后现代状态》中，法国哲学家让·弗朗索瓦·利奥塔①提出了"所有伟大叙事的终结"这一论点。总体而言，这是一个理想主义终结的时代，以汽车设计为产品开发主导的"明星设计师"时代一去不复返。设计被纳入了同步的工程流程体系，设计师需要综合考虑安全、性能、燃油效率、品牌价值等因素，更多的汽车设计标准被建立。与此同时，用好的设计来提升品牌价值成为行业共识，而不再是某个品牌高管的个人理念。这也为汽车设计的持续发展提供了条件。

1992—2018 年 克里斯·班戈：全球化时代的交通工具设计

20 世纪 90 年代，欧盟正式成立、世贸组织开始运作等一系列事件标志着新时代的到来。移动电话和互联网技术的革命让资本可以更方便地全球流动，包括中国在内的更多市场向世界开放，汽车行业也进入了新的时期。随着大量新的车型出现，市场逐渐被细分，部分实力强大的品牌开始极力拓展自己的产品系列以获取更多利润，而一些专攻细分领域的小众品牌则开始与大集团联合，寻求庇护。在上一时期，日本汽车工业取得的巨大成功引起了世人瞩目。1990 年，麻省理工学院的研究人员在《改变世界的机器》（*The Machine That Changed the World*）一书中揭开了日本"精益生产"的秘密，将平台的重要性带入了人们的视野——通过这种方式，厂商可以快速开发和生产不同性能的车型，大大降低了成本。开发速度成为品牌能否快速反应、抢占先机的关键因素。

新技术再次为汽车设计行业带来了革命性变化——1989 年，基于数学家保罗·德·卡斯特里奥（Paul de Casteljau）为雪铁龙开发的曲线算法，美国硅图公司（Silicon Graphics）推出了第一个基于 NURBS（非均匀有理 B 样条曲线）的计算机辅助设计和渲染系统，可以创造出过去难以想象的曲线和表面，并于 20 世纪 90 年代将其推向市场，汽车设计迎来了数字辅助设计（CAD）时代。在新技术的辅助下，设计师可以以前所未有的自由度进行曲面的游戏。其中，克里斯·班戈②在 2001 年推出的"火焰曲面"造型语言（图 1-30）产生了划时代的意义，引发了 20 世纪最

▶ 图 1-30 克里斯·班戈 2001 年设计的宝马 X-Coupe 概念车，开创了标志性的"火焰曲面"造型语言

▲ 图1-31 2016年宝马Next 100概念车的参数化设计

后一场汽车造型革命。这一造型语言据说脱胎于弗兰克·盖里[①]扭曲的建筑表面和理查德·塞拉[②]的极简主义雕塑。虽然这种造型语言在刚刚出现的时候，人们由于极度的震惊而将其斥为"丑陋"，但它很快就得到了整个行业的认可和模仿。在全球化时代，几乎所有实力的品牌都在世界各个角落设立了设计中心，以应对各个不同市场的需求。大量的新想法在世界各地的卫星工作室产生，经过一轮又一轮的评审和淘汰，只有最终的胜者才能进入下一步开发流程。北美、欧洲、亚洲的设计工作室彼此接力，追随着时差的脚步，以最快的速度把它们变为现实。设计师们不再忠诚于某一品牌，而是像球员转会一样频繁流动在各大车厂之间。为了保证设计团队具备全球化的思维方式，各个品牌都十分重视设计师背景的多元化，来自不同国家、民族的设计师们漂洋过海，在同一个设计中心里工作，英语成为行业的通用语言。塑造品牌仍然是这一时期汽车设计的主要任务，设计师们执着地推敲着曲面、棱线、比例和姿态，为格栅和前照灯寻找新的设计语言，以求给消费者留下或优雅或动感的第一印象。数字设计工具的进步也推动了生成式设计的进步，以宝马Next 100概念车（图1-31）为代表的一系列设计，让参数化方法也成为设计标准流程之一。

总体而言，全球化时代的汽车设计，既是被"技术"推动的又不是被"技术"推动的——CAD的发展给汽车设计注入了新的风格，但设计本身主要传播的仍然是消费主义的理念，吸引人们眼光的往往是优美的曲面、全新的格栅形状、造型优美的前照灯、闪亮的镀铬件，而非汽车本身在功能和理念上的创新。2008年的金融危机中，美国三大汽车公司相继陷入困境，接受了奥巴马政府的资助，这似乎标志着某种辉煌

① 弗兰克·盖里（Frank Gehry），当代著名的解构主义建筑师，以设计具有奇特不规则曲线造型、雕塑般外观的建筑而著称，代表作包括沃特·迪士尼音乐厅、古根海姆艺术博物馆、欧洲迪士尼娱乐中心、维特拉家具博物馆等。

② 理查德·塞拉（Richard Serra），美国极简主义雕塑家和录影家，以用金属板组合而成的大型雕塑作品闻名。

第一章 基本概念与基础理论

▶ 图 1-32 现代汽车提出"数据驱动设计"理念,以数字方法提升设计效率

时代的终结。新的时代要求汽车设计行业做出改变。

2018 年至今:待定义的出行创新设计

多种因素影响着当前汽车行业的潮流。2016 年,178 个国家共同签署了《巴黎协定》,决定为应对气候变化做出统一行动。为了进一步解决碳排放问题,许多国家都对电动汽车给予了一定程度的补贴。与此同时,2012 年以来,人工智能技术在机器学习领域的进步使得无人驾驶技术得到了长足发展,随着国际自动机工程师学会(SAE,原译美国汽车工程师学会)在 2014 年公布了自动驾驶从 L0 到 L5 的分级标准①,自动驾驶成为行业和社会共同热议的话题。从 2015 年开始,大量主流车企宣布将转型为"出行服务提供商"。这似乎意味着过去 100 年来我们所熟悉的汽车,即将从结构到功能都发生天翻地覆的变化。

这些变化也在逐渐向交通工具设计传导。人工智能在影响汽车技术的同时,也在影响汽车设计的流程和审美原则。2019 年,现代汽车设计总监李相烨提出"数据驱动设计"(Data Driven Design,图 1-32)理念,主张抛弃传统的家族化设计外观,基于数字化设计流程强大的开发能力,为每款车型和每个细分市场进行量身定制的造型设计。区别于传统汽车设计方法,VR、AR 等技术让设计师在草图阶段就可以身临其境地把握比例和姿态,远在大洋两端的设计师们可以置身于同一个虚拟时空,对设计做出修改和判断,将设计效率提高到一个新的层次。2020 年,广汽集团与百度签署战略合作协议,广汽设计团队与百度人工智能部门合作,将人工智能计算的结果作为设计灵感的输入,"人工智能介入设计"成为新的关键词。

目前,世界汽车产业和设计教育领域都面临着"百年未有之大变局",出行创新设计随之进入了新的发展阶段,概念、逻辑和范式正在被快速重新定义,而且将持续很长一段时间。出行创新设计教育将会长时间保持"待定义"的姿态,回应时代之变和教育之变。

① 目前,国际自动机工程师学会将自动驾驶从 L0 到 L5 分为 6 个级别,L0 代表没有任何辅助驾驶的传统人类驾驶,L1~L5 则随自动驾驶的成熟程度进行了分级。其中,L1 代表车辆对转向或加减速操作提供支持,人类驾驶员负责其余的驾驶操作;L2 代表车辆对转向和加减速操作提供支持,人类驾驶员负责其余的驾驶操作;L3 代表由车辆完成绝大部分驾驶操作,人类驾驶员须保持注意力集中以备不时之需;L4 和 L5 均为车辆完成所有驾驶操作,区别在于是否处于限定道路和环境。

第三节
学科领域

在整个 20 世纪，出行创新设计研究的主要领域就是汽车设计和围绕汽车的产业创新设计。进入 21 世纪，在技术的驱动下，汽车产业进入了服务人的出行创新设计和服务社会的出行生态位设计的新阶段，基于对未来出行模式以及出行终端将如何为社会贡献价值的思考，"场景流""智能出行""出行系统""智慧城市"等概念应运而生，成为出行设计领域新的分野。此外，智能技术也在影响着设计流程，人们对设计方法本身开始重新思考，"人工智能介入设计"成为行业热点。在经过近百年的发展和沉淀之后，今天，出行创新设计的学科领域再次进入快速交叉、扩容的阶段。

▼ 图 1-33 蒋松霖作品，"NISSAN Adventure of the Future"猎装车设计，日产产学研合作毕业设计项目，2016 年

第一章 基本概念与基础理论

一、汽车设计

对包括我国在内的全球主要经济体来说，汽车行业都是毋庸置疑的支柱产业。作为深度交叉的领域，汽车涉及制造、金融、能源、信息等诸多领域，关系到人们日常生活的方方面面。因此，汽车设计从来不是一个单纯的美学问题，它与科技进步、价值观、生活方式乃至社会组织形态息息相关。

对汽车造型设计产生最直观影响的因素是材料和生产方式。在手工制造的时代，车身表面零件是在木质模具上敲打出来的，曲面之间缺乏连续性。20世纪30年代开始，轧钢技术的进步让钢板宽度变得更大，车身造型得以变得更整体。20世纪70年代，随着化学工业的普及，塑料开始广泛出现在日常生活中。这种材料替代了传统的金属保险杠，让汽车拥有更平滑、完整的前后包围。20世纪末，汽车蒙皮钢材成分的调整和冲压技术的进步让各种复杂的曲面和折痕得以出现在汽车上，为汽车设计带来了新的风格。影响汽车造型设计的另一个因素是空气动力学。人们从流体力学的研究成果中得到了流线型造型，并将其尾部进一步优化为截断式造型，从而得到了今天绝大多数汽车的形态基础。为了得到更大下压力、保证安全性，流线型在20世纪70年代被转变为前高后低的楔形造型。而随着人们对碳排放等问题越来越重视，空气动力学不再专属于赛道，而是和燃油经济性联系起来，关系到每一个普通人的日常生活。人们的价值观和生活方式也在时时刻刻影响着汽车设计（图1-33）。

汽车既可以是代表身份地位的豪华奢侈品，也可以是"人民之车"，是普通人日常工作生活的伙伴。美式豪华的流线型造型随着人们对消费主义的沉醉而被托举到巅峰，随后又因为新的价值观而被时代抛弃。人们对不同生活方式的追求催生了旅行车、跑车、SUV等面对不同细分市场的车型。捷豹路虎全球首席创意官哲芮勋（Gerry McGoven）说："一个能在情感层面与人产生共鸣的设计，至少需要满足三点才能令人真正信服。首先是内心层面，我能否对它一见钟情？其次是行为层面，它是否恰到好处地在功能上经久耐用？第三是反思层面，使用过一段时间之后，我是否还渴望继续拥有它？它是否还可以被继续使用，以及我与它是否建立起了积极的情感联系？"总而言之，要成为一个成功的汽车设计师，设计出成功的产品，并不能仅仅依靠创造出完美造型的能力，对消费者以及自身所处时代的深刻理解也是必不可少的。

二、产业创新设计

从某种意义上说，交通工具塑造了当今社会的形态。作为世界上最主要的工业门类之一，汽车行业建立了一套比较完善的产业体系、开发机制、创新流程和商业模式，由于对其他行业也具有影响而被广泛接受，从而成为跨领域的产业标准，产业创新设计则成为主要的学科领域。

从汽车设计行业推广开来的产业标准之一是"有计划废止"制度。这种诞生于消费主义背景的制度要求设计师在规划新的产品时，有计划地考虑在以后几年间不断进行小的改款，并以3~5年的较长周期进行换代，造成有计划的老化过程。"有计划废止"可以以多种方式进行——让新产品拥有更多新功能的"功能性废止"、改变造型设计从而让老设计过时的"款式性废止"和在设计过程中限定使用寿命的"质量性废止"。如今，从每一季度按时问世的各种消费电子产品，到被人们穿完即弃的时尚快销品，都可以从中看到"有计划废止"制度的影子。为快速应对市场需求，缩短开发流程，增强竞争力，汽车设计行业也为自身创立了一套完整的设计流程与方法。由十几个不同工种组成的设计团队严格遵守时间节点，应用各种先进技术，与工程团队密切沟通，从而完成整个项目。造型的空气动力学特性在计算机上被模拟，在风洞中被验证，以保证车辆的燃油经济性。分布在世界各地的设计工作室在项目中有时彼此竞争，有时接力完成工作，以保证高效、有质量地完成设计工作。为了更好地产出设计、服务行业，对工作流程、方法、标准的改进，一直以来也是汽车设计工作重要的组成部分。

三、出行设计

在过去 100 余年里，科技的进步和社会生产方式的变化塑造了今天的出行设计，包括清洁能源、共享经济、物联网、去中心化计算与人工智能等技术在当下的高速发展，从 2015 年开始，全球范围内的主流汽车制造商纷纷制订了相应的战略目标，希望从汽车制造商转变为互联网出行服务商。与此同时，区别于传统造车企业的造车新势力也在加入游戏，不断做出新的尝试。汽车的"新四化"，即电动化、网联化、智能化、共享化成为产业共识。

出行方式的电动化将让设计师们摆脱现有总布置设计的束缚。相比内燃机，电机的体积更小，可以布置在轮边或轮毂内，现有的两厢或三厢结构可能被推翻。2018 年，时任大众汽车集团设计总监迈克尔·摩尔（Michael Mauer）在采访中提到："到目前为止，汽车设计的主要问题与技术功能的优化有关。现在和将来，主要关注点将放在我们目前技术理解范围之外的创新上。随着设计越来越少地涉及发动机、底盘和尺寸等技术规格，并且也受到部分限制，设计师将利用这个机会扩大自己的领域。未来的街景将更加多样化、个性化和感性化。"2019 年，麦肯锡公司在趋势报告中提出："目前正在进行的出行革命的愿景之一，是随着汽车成为连接庞大信息网络的节点，一个新的价值维度将为驾驶人、汽车制造商和创新服务提供商展开。曾经被誉为'自由机器'的传统汽车将演变为信息化的汽车，为驾驶人和乘客提供一系列新的体验，这些体验在人工智能和直观界面的作用下日益优化，将远远超过今天。"此外，近十年来，互联网技术的进步催生了"共享经济"，"使用权"和"所有权"的分离被大众广泛接受，"零边际成本社会[①]"成为大众心目中未来的乌托邦愿景。尽管戴姆勒和宝马在欧洲布局的"car2go""DriveNow"等分时租赁项目进展不算顺利，但从远景来看，共享出行模式仍然被行业看好。可以预见，在"汽车制造商"转变为"出行服务提供商"的过程中，汽车设计将融入更多交互设计、服务设计、系统设计等交叉领域的内容，以更好地为公众提供完整的出行体验设计。

① 零边际成本社会（The Zero Marginal Cost Society）是美国社会学家杰里米·里夫金 2014 年在其同名著作中提出的概念。他认为，在数字化经济中，社会资本和金融资本同样重要，使用权胜过了所有权，可持续性取代消费主义，合作压倒了竞争，"交换价值"被"共享价值"取代，零边际成本、协同共享将会给主导人类生产发展的经济模式带来颠覆性的转变。

四、场景流设计

交通工具的智能化进程必然引发设计对象的变化。2020 年，国家发改委等部门联合出台《智能汽车创新发展战略》，强调"汽车产品功能和使用方式正在发生深刻变化，由单纯的交通运输工具逐渐转变为智能移动空间，兼有移动办公、移动家居、娱乐休闲、数字消费、公共服务等功能。"传统交通工具设计的研究核心往往是"物"本身，即造型设计。设计师考虑的是在满足成本和功能等硬边界的条件下，如何尽可能提升设计的美学价值，用外观设计给用户留下深刻印象，从而促进产品的销售。而随着设计对象由"汽车"转变为"出行"，设计师必然要同时考虑涉及的"人"与"环境"，这些因素构成了"场景"。而随着技术进步，无人驾驶移动平台的出现使得出行领域的不同场景可以被串联，在"人 + 物 + 环境"构成的场景系统中加入"时间"因素，则构成了"场景流"设计（图 1-34）。

▼ 图 1-34 邢天巧作品,
"TOUCHABLE VISION"
触觉定义内饰空间,荣威品
牌内饰造型语言探索课题,
CAFA×SAIC 产学研合作课
题,2018 年

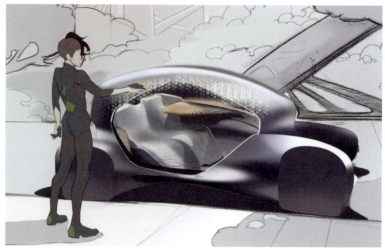

　　场景流的"流动"首先体现在场景载体的流动性,无人驾驶出行终端作为搭载了场景的移动平台,可以根据需要在不同时间出现在不同地点,从而满足分时段的用户需求。例如,雷诺在汉诺威商用车展上首发的概念车 EZ-PRO(图 1-35)展示了基于无人驾驶平台的移动快递柜、医疗站、办公室和咖啡店,为新的商业模式提供了可能性。其次是场景属性的流动性,无人驾驶移动平台搭载的场景内容可以通过模块化技术,以及终端与终端、终端与建筑之间空间的交融发生变化:2018 年,丰田推出概念车 e-Palette(图 1-36),展示无人驾驶汽车可以通过定制化设计,将内部实时改造为酒店、餐厅、商店、实验室和流动医院等。例如,如果用户想要买一双运动鞋,可以在手机上发出需求。e-Palette 将被改造为移动运动用品商店,搭载着各种款式的运动鞋,主动前往用户所在的地址。而现代汽车发布的系列概念呈现了交通工具与建筑结合的可能性。城市空中出行(UAM)、个性化定制车型

▶ 图 1-35 雷诺概念车 EZ-PRO
通过无人驾驶平台解决终端
配送问题

▸ 图 1-36 丰田的 e-Palette 概念车展现了场景和空间的流动可能

▸ 图 1-37 现代汽车 Hub 系列概念提供了未来出行解决方案

（PBV）以及集交通运输和社区活动于一体的中央枢纽（Hub）三种移动出行解决方案，让未来的城市和人们能够摆脱时间和空间的束缚，提高生活品质（图 1-37）。最后是场景信息的流动，在 5G 通信和云计算成为城市基础设施的时代，终端与终端之间的信息必然是流动的，甚至数据处理中心的位置也可能是分布或者流动的。

五、智能出行设计

目前，我们对移动终端的定义已经经历了从"移动载具"到"体验空间"的变化。随着人工智能技术的进步，智能出行终端将进一步进化为移动型"人工智能终端"。

2021 年，特斯拉举办"人工智能日"（AI Day）活动，表达了希望成为全球最好的人工智能公司及科技公司，并将持续以人工智能技术赋能安全绿色出行的愿景。公司 CEO 埃隆·马斯克在同年的财报中提到："现在很多人认为特斯拉是一家车企或者技术公司，长远来看，我觉得特斯拉在大家眼里应该是一家人工智能机器人公司。"无独有偶，2021 年年底，现代集团收购了行业顶端的机器人公司波士顿动力，显露了其在机器人和人工智能方面的野心。未来，"汽车"和"机器人"的界线将逐渐模糊，移动终端将成为陪伴我们生活的智慧存在。

未来，智能出行终端将基于信息的收集、处理、发布、交换、分析和利用，为交通参与者提供多样性的服务。这些终端将在区域和城市时空范围内，对周围环境具备感知、互联、分析、预测的能力，并能与用户及行人进行交流，从而满足交通参与者安全和便利的需求（图 1-38）。就像马斯克提到的那样："如果你希望的话，特斯拉很快就会和人们交谈，这是真的。"此外，智能出行终端还可能对交通参与者个人

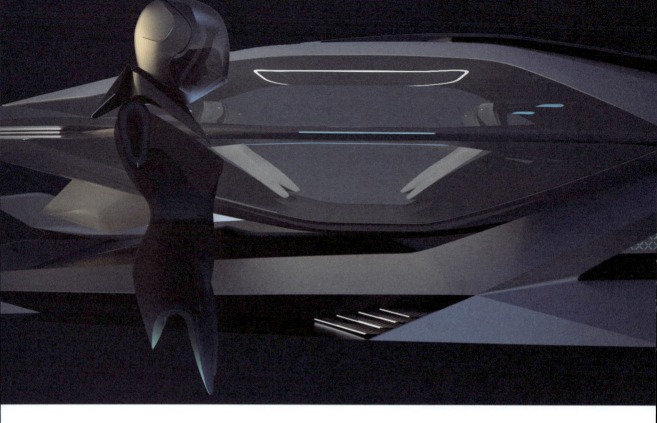

▲ 图 1-38　李加宁作品,"ARC ELEGANCE"旅途情境共享空间设计,北汽新能源联合课题,2017 年

的生物数据进行分析,感知其健康状况和情绪状态,从而做出相应的应对,并与车主建立更多情感联系。丰田在 2019 年推出的 LQ 概念车(图 1-39)体现了这方面的愿景:以"学习、成长、爱"为核心发展主题,基于名为"Yui"的人工智能驱动的交互式助手,这款概念车旨在向驾驶人学习并提供个性化的移动体验。随着人工智能技术完成由"弱人工智能"向"强人工智能"的过渡,智能出行终端的功能也将由完成设定好的个别任务,向自我学习和完成非特定性任务的方向发展。如同现代汽车在 2021 年发布的 TIGER 概念车(图 1-40)所展示的,它们还可以在极端、偏远、环境恶劣的地区独自执行科学探索等任务。

六、智能交通系统设计

　　智能交通系统设计是出行创新设计的重要构成内容,同时将可能在物流、建筑、城市规划等多个领域触发革命,再次延展和定义学科领域。
　　智能的交通出行体系不仅仅包括智慧的出行终端本身,还应包括出行终端之间的协调与合作,从而形成完整的系统。而这个智能交通系统的控制系统可能不仅仅包括所谓的"城市大脑",还包括基于区块链技术和边缘计算技术建立的区域控制中心。智能交通系统可以帮助我们更好地节能减排,提升通行效率,并实现更多样化的道路场景。
　　据统计,现有的汽车大约 30% 的能量用在加速和减速的过程中,而智能交通系统的统一控制,可以令车辆在道路上通过相互通信,减少加速和减速过程的发生,从而实现能源的节约。此外,同方向的交通工具可以紧密排列形成队列,从空气动力学

▲ 图 1-39　丰田 LQ 概念车展现了"学习、成长、爱"的设计主题

◀ 图 1-40 现代汽车 TIGER 概念车展现了"汽车"与"机器人"概念的混接

① Peter Wayner. Future Ride: 99 Ways the Self-driving, Autonomous Car Will Change Everything [M]. New York: CreateSpace Independent Publishing Platform，2015.

的角度减少能源消耗。对于系统中出行终端的统一调度可以提升道路通行效率，减少拥堵等状况的发生。理想情况下，在交叉路口等场景，双方向的交错车流甚至可以各自顺畅地通过，而不发生任何相互干扰，信号灯等基础设施甚至可以被取消。美国汽车作家彼得·维纳（Peter Wayner）在著作《未来出行：无人驾驶改变一切的 99 种方式》中描述了智能交通系统如何实现道路场景的多样化：在依靠城市大脑和区域控制中心调度的情况下，"车道"的概念可能成为过去时。路面回归空间的概念可以在调度下允许任何使用方式，潮汐车道的使用方式成为日常，在空余时段也可以作为公共空间使用而不用担心出现危险①。

七、智慧城市设计

智慧城市是既有的学科领域，在新技术语境下，出行创新设计的发生载体和方法体系与智慧城市设计形成共生状态，成为学科不可或缺的重要支柱领域内容。

城市的迭代是由其基础设施的更迭定义的（图 1-41）。古代城市中，城墙作为军事基础设施，发挥着保护居民人身和财产安全的作用。早期资本主义城市的标志是以商路和航路作为代表的交通基础设施。近代技术兴起以来，城市设计师用理性的思维方式打造了网格化城市，并以水、电、煤气等网络作为基础设施。现代城市中，高速公路连通了城市各个部分，使得城市可以几乎无限制地扩张。此外，公园、绿地等生态基础设施，商场、电影院等娱乐基础设施，也是其自我复制过程中的标准配置。在未来，5G 通信、大数据、云计算、虚拟现实和无人驾驶将成为城市新的基础设施，而基础设施发展到新的阶段也标志着智慧城市时代的到来。对于智慧城市的未来学研究给学科提供了可能的发展方向。

首先，无人驾驶将进一步促进城市的去中心化。历史上，城市的发展经历了"相对集中"和"绝对集中"的过程，西方城市"逃离市中心"运动正是基于汽车和高速公路的普及，也标志着城市"相对分散"时代的到来。而无人驾驶的出现将进一步削减市中心的形成，这源于其在获取资源上相对便利的优势，意味着未来城市将迎来"绝对分散"的时代。此外，智能技术将促进城市的立体化。当今城市的构成依然是基于平面的，我们对于城市的理解基于平面的地图。当无人驾驶、增强现实技术成为主流后，辅以成熟的三维高精度地图，我们对于城市的认知能力将不再限制城市的结构。法国建筑师、哈佛大学教授安托万·皮孔（Antoine Picon）认为："这导致了一种可能性——

第一章　基本概念与基础理论　　43

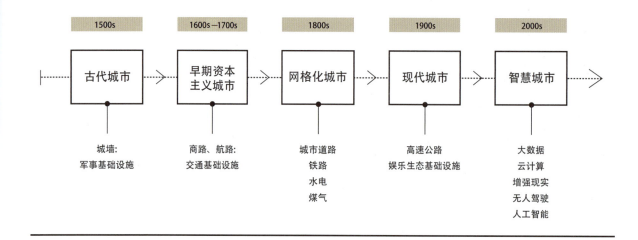

▲ 图 1-41 基础设施语境下的城市演变进程

以一种不受传统构成逻辑限制的方式完全重新思考城市形式。不再需要一个有规律的二维框架，以简化规划的方式发挥作用。现在，更复杂甚至是迷宫式的形式是可以允许的。"智能技术还将导致城市的流动化：地图的实时更新也使得城市中所有的目的地可以成为流动的，这更加符合我们对于城市的需求。例如，丰田汽车发布的 e-Palette 和编织城市系列概念呈现了"即时城市"（On-demand City）如何满足未来人们对场景的需求：城市的所有功能都可以集成在出行终端上，当举办音乐节、拳击赛等户外活动时，城市的场景和功能可以在我们的命令下，基于移动平台随时出现和消失。"流动城市"和场景流的结合，将彻底改变未来城市居民的生活方式。

八、人工智能介入设计

人工智能的快速迭代发展，正在充分介入和改变我们的生活与生产。近期出现的显著信号是人工智能已经可以从微观的、细节的层面完整地介入设计，这意味着除了在宏观层面对于大数据计算的优势外，人工智能开始全面介入学科，并且将改变学科的发展方向。

历史上，数字技术的进步数次引领了造型的革新：CAD 技术和 NURBS 给当代汽车设计带来了变化丰富的曲面，生成式设计的算法则让参数化成为汽车设计的标准操作之一。设计"设计方法"成为新的趋势，人工智能介入产业设计成为必然。2021 年，在广汽设计团队与百度人工智能部门的合作中，已经尝试将人工智能计算的结果作为设计灵感的输入。同年，由前本田设计师乔丹·泰勒（Jordan Taylor）和软件工程师凯兰·理查兹（Kaelan Richards）联合开发的人工智能渲染工具 Vizcom 上线，它可以在几秒内自动着色和渲染绘图，这允许创意人员在比以前更短的时间内探索更多的想法，得到了汽车设计行业的广泛关注。近期的热点则是 ChatGPT 的推广所引起的产业界对基于自注意力机制的深度学习模型架构 TRANSFORMER 的关注，毫无疑问，这对汽车设计而言是巨大的变革。Stable Diffusin 和 MidJourney 则便利了设计师甚至是毫无技能基础的普通人开展严肃的设计工作。

特赞设计（Tezign）与同济大学联合发布的《2018 设计和人工智能报告》中，指出了人工智能介入产业设计过程中凸出的三个问题：多元价值的系统、非结构性的数据和有 EQ 的运算智能。首先，目前在设计中应用的人工智能系统，主要用于自动生成巨大数量的输出，而无法进行价值判断。而设计师作为复杂系统的参与者，应该考虑系统的多元价值观。因此，如何让人工智能共享人类的价值观，是未来人工智能介入设计研究的重点。其次，设计生产过程中会产生大量非结构化数据，而这些数据的收集、处理、智能化是真正让设计接入数据经济的关键。但这部分工作还相当基础，没有突破。最后，大规模个性化的需求，会产生指数级的设计需求增长。设计的人工智能将进入 EQ 时代，不仅要具有分类、生成、决策的能力，还要具有抓住用户持久关注度的能力。中国作为全球最大的汽车市场，每一秒都在产生海量的用户数据，但目前看来，掌握将这些数据导入设计的能力对企业或机构而言都将是巨大的挑战。

第四节
学科技术与工具

一、产业基础技术/学科基础技术

出行创新设计的百年发展与积淀逐步构建了一套完整的技术研发流程与体系,其中的技术环节又随着各自技术的进步而自我迭代(图1-42)。现阶段,比较成熟且不可替代的产业技术包括手绘草图技术、二维渲染技术、平面胶带图和布置图技术、数字模型技术、三维可视化技术、油泥模型技术、3D扫描与点云采集技术、3D打印及计算机数控加工(CNC)成型技术等内容。上述成熟的技术研发流程将设计师的概念设计创意想法由二维模糊草图,到带有精确尺寸数据的可触摸实体模型以及数字模型逐渐清晰地表达出来,在每个重要的技术交接关键节点服务于研发过程中的各项评审环节,直至完成对下一环节工程研发的数据交付任务。

手绘草图技术

草图与绘画密不可分,设计草图一般是指设计初始阶段的设计雏形表达,主要使用铅笔、圆珠笔、普通绘图纸等简单工具。它不追求效果和精准,具有表达概念、解释说明、表达结构、表达设计效果等作用,同时具有即时记录思考过程、即时沟通、推动思考的优势(图1-43)。

二维渲染技术

传统的二维渲染技术由对纸面草图的细化表达而来,在汽车设计历史的各个阶段曾流行过喷枪、色粉笔、马克笔等不同的上色与细节表现工具,对纸张的要求依据绘图材料的不同而有所选择。进入个人计算机时代,二维渲染技术有了另外一个定义,即设计师借助数位板、数位屏等计算机外接硬件设备,通过Photoshop、Sketchbook等图像处理、绘图软件将设计创意草图进一步完善,最终输出带有明确造型、色彩、细节以及不同材料质感信息甚至照片级的二维设计图。当下的二维渲染技术则出现了人工智能化操作的趋势。

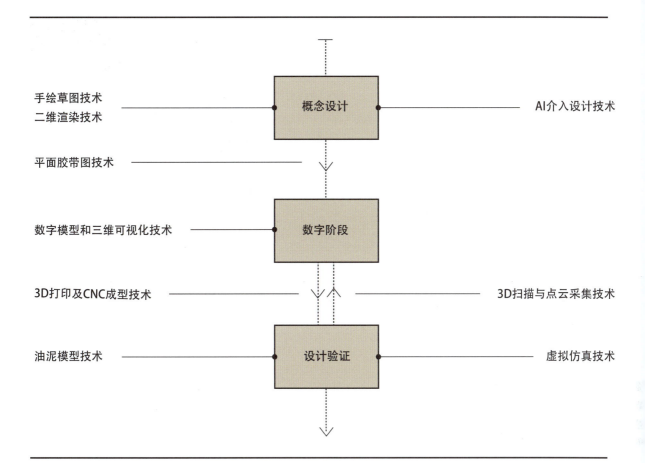

▲ 图 1-42　设计技术与工具在设计流程中的应用

▼ 图 1-43　手绘草图技术示意，蒋松霖作品，"NISSAN Adventure of the Future" 猎装车设计，毕业设计项目，CAFA×NISSAN 产学研合作课题，2016 年

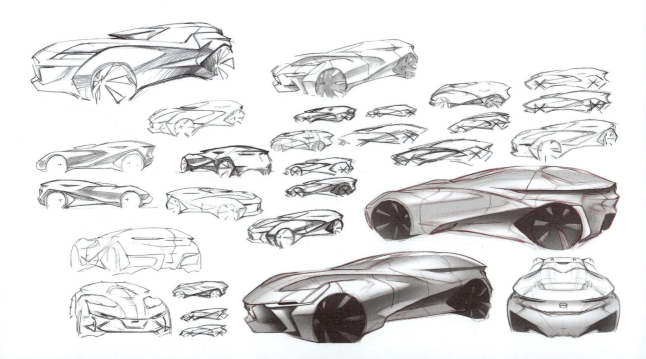

▶ 图 1-44 胶带图制作技术示意，徐天时作品，"AMBER"未来高端人士出行方式，奥迪"2025 Next Premium"合作课题，CAFA×AUDI 产学研合作课题，2015 年

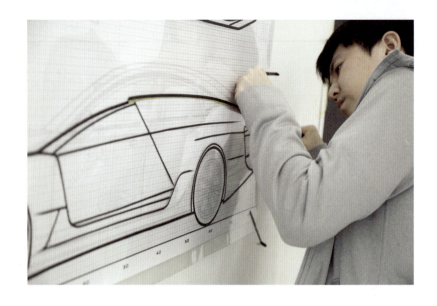

平面胶带图技术

平面胶带图的渊源可以追溯到建筑设计、机械设计中的平面绘图技术。在汽车设计领域，设计师胶带图是影响最终汽车总布置图的初始布置图，因此也称布置图设计。在布置图设计阶段，第一次将设计师的设计图进行明确尺寸化，并引入同等尺度人机、空间需求、机械布置等较明确的干涉因素。如何处理好这些复杂因素之间的关系，将决定项目能否顺利进入下一阶段的研发，保持内外饰概念造型与处理好空间布置需求的博弈与取舍也由此阶段开始。一般情况下，平面胶带图的绘制尺寸与所制作的油泥模型保持一致，汽车油泥模型的常用比例为 1:5、1:4、1:3、1:2、1:1，因此绘制胶带图需要相应尺寸的移动展板作为载体。其次是带有比例尺寸网格的底图，绘图工具是不同宽度的具有延展性的多色专用胶带。此阶段胶带即画笔，设计师用不同宽度与颜色胶带的形式表现设计方案四个视角造型的棱线、轮廓线、高光线、截面线特征，甚至分缝线与其他细节（图 1-44）。

数字模型和三维可视化技术

随着计算机辅助设计技术的诞生，数字模型技术逐步引入交通工具设计领域。数字模型技术即使用计算机三维建模软件，将设计方案草图、布置图、油泥模型的采集

▶ 图 1-45 数字模型技术示意，郑坚辉作品，"Micro Loop Space"微生物圈流空间，毕业设计项目，CAFA×SAIC 合作课题，2016 年

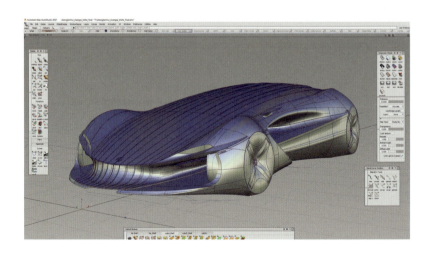

数据所表达的形体，构造成可用于设计和后续处理工作所需的三维数字模型。数字模型阶段是整个设计流程中的数据枢纽，它既可以对三维可视化、油泥模型加工、硬质模型制作、工程结构处理进行数据交付，又可以以三维视觉效果的形式对上游工作进行评审结果反馈（图1-45）。由Autodesk公司出品的专业三维曲面建模软件Alias AutoStudio在汽车设计领域深耕多年，在成为优秀的曲面建模软件的同时，努力构建汽车设计的工作流。Alias AutoStudio先后引入Sketchbook二维草图功能；Creat VR借助虚拟现实技术外接硬件的建模技术，在虚拟世界中体验三维方案；SubD细分建模技术，充分弥补NURBS建模的缺点，让三维验证曲面模型的创建更为迅速；移植Dynamo参数化建模插件，具有可视化编程辅助设计功能。数字模型技术的发展极大缩短了汽车设计研发周期。目前，一些公司和机构正在研发在人工智能技术的基础上利用平面图像直接生成三维模型的技术，未来数字模型和三维可视化技术可能出现重大突破。

油泥模型技术

油泥模型技术是传统汽车内外饰造型设计中，用油泥表现造型的汽车车身设计工艺。早期的汽车车身模型多以石膏和木板为材料，木质模型的特点是变形小、不易破损、可长期保存。石膏较便宜，但强度较低，而且不便于反复修改。1955年，日本首次使用工业油泥进行汽车模型的设计开发。1972年，通用汽车公司将油泥应用到汽车设计开发模型上，使汽车设计摆脱了受限于呆板的石膏、木板的历史。我国是在20世纪70年代初开始应用这一技术的。当今，对几乎所有世界知名汽车公司而言，制作油泥模型都是设计过程中非常重要的一个环节（图1-46）。

▼ 图1-46 油泥模型技术示意

▲ 图 1-47　CNC 成型加工技术示意

3D 扫描与点云采集技术

3D 扫描技术是一种结合结构光技术、相位测量技术、3D 视觉技术的复合三维非接触式测量技术，用来侦测并分析现实世界中物体或环境的形状（几何构造）与外观数据（如颜色、表面反照率等性质）。搜集到的数据常用来进行三维重建计算，在虚拟世界中创建实际物体的数字模型。通过对汽车油泥模型进行 3D 扫描，将采集到的精确的点云数据导入 Alias AutoStudio 等曲面建模软件，进行 NURBS 曲面的三维重建。这项技术是实体油泥模型与虚拟数据模型双向验证比对的交流媒介，是虚拟与现实的关键桥梁。

3D 打印及 CNC 成型加工技术

3D 打印是快速成型技术的一种，又称增材制造技术，它是一种以数字模型文件为基础，运用粉末状金属或塑料等可粘合材料，通过逐层打印的方式来构造物体的技术。由于其成型速度快，可将复杂造型一体成型等特点，迎合了汽车设计研发阶段对于实体验证模型制作的需求，因此被广泛应用。

CNC 成型加工技术在汽车设计研发阶段的应用主要表现在油泥模型加工平台的使用。油泥模型加工平台是针对汽车油泥模型制作行业需求量身定制的数控加工平台，其加工尺寸能够满足 1:1 整车模型加工。一般可加工材料多为泡沫、工业油泥等强度不高的材料，龙门加工中心则能够对强度较高的代木材料进行加工。汽车油泥模型加工平台的出现提高了油泥模型制作的效率，是油泥模型技术的补充（图 1-47）。

为应对更加复杂的设计需求，往往需要将技术体系中的部分技术环节以新兴技术作为代替，而不影响最终的成果输出。例如以三维胶带图代替纸面胶带图，形成更为直观的三维造型元素表达；以虚拟现实技术代替前期烦琐的多轮油泥模型修正，节省人力物力，提高研发效率。目前，在绝大部分企业和学术机构中，仍保留着完整的基础技术流程，同时也鼓励积极探索创新方法与新兴技术。

① **虚幻引擎**（Unreal Engine）是 Epic Games 开发的一款游戏引擎，在1998年发布的第一人称射击游戏 Unreal 中首次应用，后来被用于各种类型的 3D 游戏，并逐渐推广到其他行业，尤其是影视制作和设计行业。

二、新兴技术驱动的设计方法

设计效率的提升和设计成本的降低是产业实体赖以生存的关键，也是技术突破的重要方向。在新兴技术的发展成熟以及时代背景的变迁下，许多主机厂的汽车设计方法发生了重大变革。以现代汽车设计中心的创新设计方法为例，该团队以数据驱动设计（Data Driven Design，DDD）为内核，对汽车设计硬件设备和权限实现全面的去中心化，在云端服务足够迅速且安全的前提下可以完全摆脱本地化数据的限制。2017年以来，设计团队内部持续对多用户沉浸式 VR 系统进行演示和评测，设计师可以在设计的交流、建模、展示等场景中成熟运用 VR 技术获得较高的行为效率。现代汽车的设计流程接近全程数字化，这使得该团队在 2020 年的新冠肺炎疫情中得以摆脱时间和空间的限制进行设计。

虚拟仿真技术

在个人计算机普及前，设计师只能用物理方式进行设计表达和设计沟通，方式包括基于纸面的设计表达、胶带图、物理模型等。进入计算机时代后，CAD、数字辅助制造（CAM）和数字辅助曲面（CAS）极大地改变了设计流程，提高了设计效率。以汽车产业为例，一个全新开发的车型，在数字技术辅助下，开发周期为 3~5 年。而随着虚拟仿真技术的介入，这一周期被进一步缩短，极端情况下，18~24 个月内就能完成完整的开发流程。

现有渲染技术一般分为实时渲染和离线渲染两类。离线渲染技术是用计算机根据预先定义好的模型、光影、贴图轨迹渲染图片，渲染完成后再将图片连续播放，实现动画效果。实时渲染技术则能够以极高的速度处理 3D 图像，一边计算画面，一边输出显示，可以实现实时操控、实时交互，一般有 GPU 参与计算。传统上，由于技术和硬件价格的限制，实时渲染效果往往不理想，只有依靠离线渲染才能完成肉眼真实的设计展示。当下，随着硬件技术的进步，实时渲染引擎已能够满足设计展示和评审的需求（图 1-48）。以 Epic 公司的虚幻引擎①为例，通过对模型的合理优化，引擎

◀ 图 1-48 现代汽车设计中心展示的数字化汽车设计流程

第一章 基本概念与基础理论

▲ 图 1-49 设计师利用 Gravity Sketch 在虚拟三维空间中绘制草图

可以实时完成照片级别的渲染效果。通过与虚拟现实技术的结合，设计师可以在虚拟世界中对设计进行非常真实的体验，完成开门进入、操作等复杂的互动操作，这似乎令"元宇宙"真正降临到现实世界。

虚拟现实技术的基本实现方式是计算机模拟虚拟环境，从而给人以环境沉浸感，而虚拟技术和创作工具通过将设计师重新置于中心位置，实现更快、更具表现力和协作性的概念设计过程。以 Unity 推出的 Gravity Sketch（图 1-49）为例，虚拟草图技术使设计师及项目相关人员能够在设计初期更直观地把握体量和总布置设计，从而优化工作流程。此外，Autodesk 和 Epic 等公司都在自己的渲染软件平台上对虚拟评审提供了支持，使设计师能够沉浸式地观看不同造型设计、颜色和材质的真实呈现效果，从而进一步缩短设计周期，节约了模型制造环节的成本。一些设计公司还搭建了自己的虚拟评审室，使处于全球不同城市的设计师能够在同一时间进入网络上的"虚拟世界"，发表对于设计的意见，大大提高了设计效率（图 1-50）。

▶ 图 1-50 利用实时渲染引擎可以获得身临其境的评审体验

AI 介入设计技术

DeepMind 创始人戴密斯·哈萨比斯[①]曾提到,人机合作可以达到 1+1 > 2 的效果,人类的智慧将被人工智能放大。在设计领域,AI 介入设计拥有几乎无限的潜力。以平面设计领域为例,阿里于 2016 年推出的鲁班系统,依托人工智能算法和大量数据训练,使机器学习设计,拥有设计能力,实现了通过深度学习来量产海报横幅。

在出行创新设计领域,AI 可以用于辅助快速进行设计呈现。通过 PS 渲染图快速进行设计呈现,一直以来都是交通工具设计师的必修课,这一技能的水平也直接影响着设计师的工作效率。未来,AI 辅助快速设计呈现有可能大幅提高这一环节的效率,并为设计师提供更多灵感。2017 年,来自加州大学伯克利分校的菲利普·伊索拉(Phillip Isola)等研究人员推出了 pix2pix 算法,作为 GAN(生成式对抗网络)在 Image-to-Image Translation(图像到图像翻译)的一种应用。该算法可以将手绘线条草图转换为接近真实照片效果的图片,启发了 AI 设计在工业设计领域应用的可能性。同年,来自斯坦福大学的安娜·列文斯卡娅(Anna Revinskaya)等人通过类似技术实现了汽车草图到渲染图的转换。2021 年,同样基于 GAN 的人工智能渲染工具 Vizcom 上线,用于快速为手绘草图着色,可以提供带图层的渲染输出,这是第一款达到商用级别的人工智能汽车设计渲染工具。与此同时,Vizcom 也在进行一些基于单图片生成三维模型的训练尝试。2022 年,人工智能图像生成领域出现重大突破,以 Midjourney、Stable Diffusion(图 1-51)为代表的一系列 AI 绘图工具引起了强

[①] 戴密斯·哈萨比斯(Demis Hassabis),神经科学家、人工智能学者、游戏设计师,人工智能公司 DeepMind 创始人。该公司被谷歌收购以来在人工智能领域取得了诸多成就,其中最引人注目的是创造了 AlphaGo,该程序在复杂的围棋比赛中击败了世界冠军李世石。

▼ 图 1-51 使用 Stable Diffusion 实时进行草图渲染,李沅澄作品,"AQUILA"数字游牧社区空间设计,毕业设计项目,2023 年

▲ 图 1-52　2015 年，Autodesk 和 Bandito Brothers 合作的概念车 Hack Rod，这可能是世界上第一辆由人工智能设计的汽车

烈的社会反响，并吸引了众多设计师的注意力。这些工具既可以通过"文生图"的模式根据关键字（prompt）生成图片，也可以通过"图生图"的模式对图片进行风格迁移。经过一定的数据集训练，AI 绘图工具可以根据草图生成高质量的渲染图。可以预见，人工智能辅助快速设计呈现将在未来极大减轻设计师重复劳动的负担，甚至提供一些意想不到的灵感。

此外，AI 辅助结构设计也正在帮助和取代人类工作。在给定边界条件的情况下，计算机能够自动生成结构设计方案，从而影响后续设计流程和最终成果。例如，在建筑设计领域，近年来已有数款商业级应用投入市场，帮助结构师节约了大量人力和施工成本。在产品设计领域，人工智能技术同样可以帮助设计师在不同造型风格的基础上优化结构、减轻重量、降低成本。以 Autodesk 公司为例，2019 年其推出的基于云的生成式设计软件 Fusion 360 可以帮助设计师在给定输入条件的基础上自动生成不同的造型和结构供挑选，并辅助完成后续的 CAD/CAM/CAE 流程（图 1-52）。生成式设计的出现颠覆了传统的设计方法，是未来出行领域设计的发展方向。

在出行创新设计的不同环节，应用不同种类的传统和新兴技术工具，可以辅助设计师高效、高质量地完成整个设计流程（图 1-53）。

▲ 图 1-53　使用 AI 辅助设计激发造型创意灵感，缩短创意流程。王昱辰作品，"Rural Formula E"乡村振兴背景下新型赛事模式及终端系统设计，毕业设计项目，2023 年

第一章 基本概念与基础理论

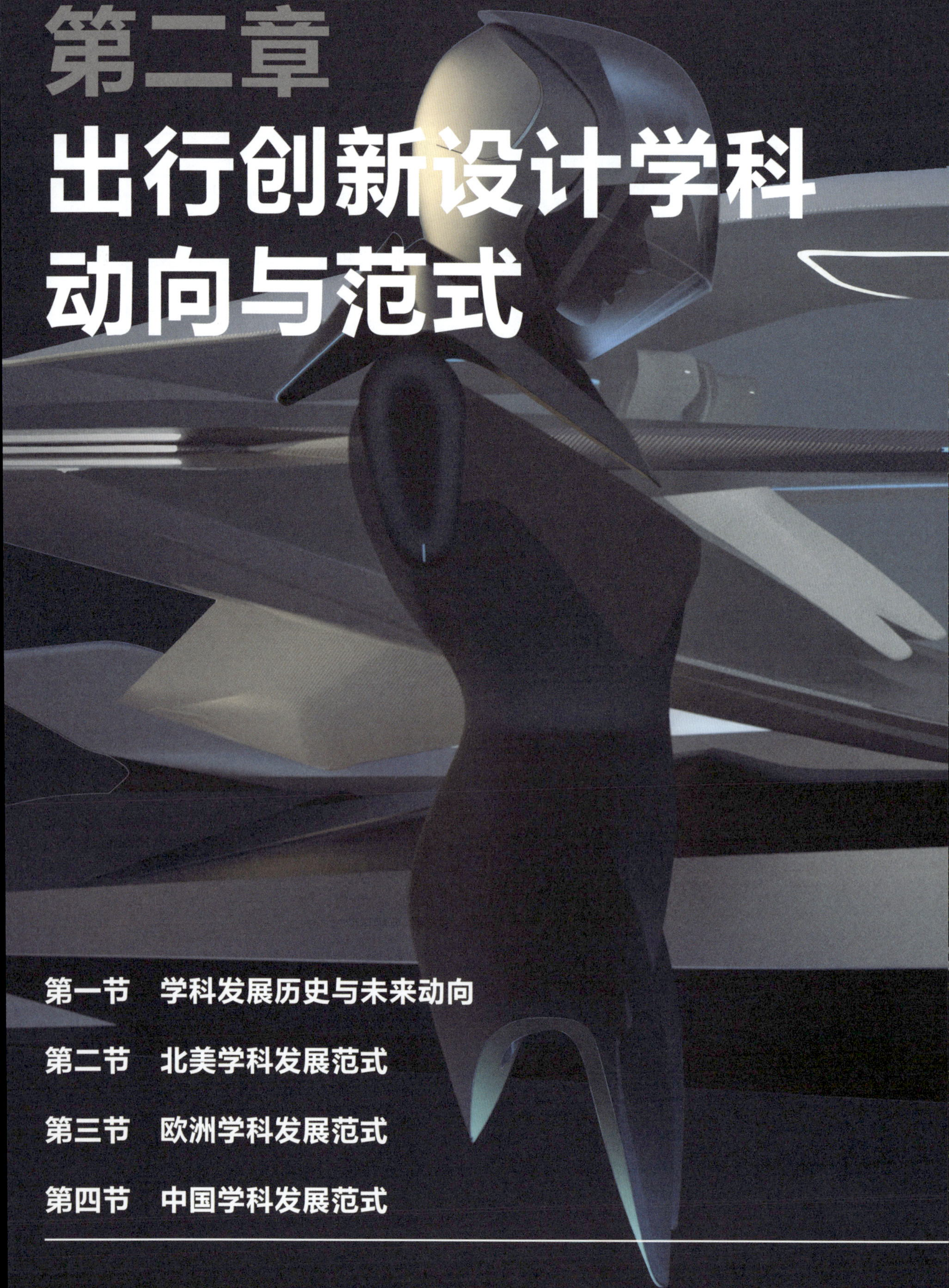

第二章
出行创新设计学科动向与范式

第一节　学科发展历史与未来动向

第二节　北美学科发展范式

第三节　欧洲学科发展范式

第四节　中国学科发展范式

交通工具设计教育的诞生是应产业发展趋势的要求而发生的。在汽车诞生的最初几十年里，往往由工程师统一负责汽车的外观设计和工程设计工作，专门从美学和设计学角度从事汽车设计的人才凤毛麟角。在哈利·厄尔建立了现代汽车设计体系后，出现了专业的交通工具设计教育，但当时这一学科仅仅局限在汽车造型设计的范围内。之后，随着工业设计学科的长足发展，作为其下属分支的交通工具设计的定义也更加清晰和广泛。欧美有不少大学都将交通工具设计专业从工业设计系中独立出来变成一个科系，大部分为学生提供本科和研究生教育，也有少数英国和澳大利亚的大学提供博士学位。交通工具设计虽然仍然是一门比较小众的学科，但其独立性地位已经得到广泛认同。

　　在中国，直到 20 世纪末，才对现代的交通工具设计有了一定认知。行业和大众逐渐认识到汽车设计是指汽车在美学与功能方面的工业设计，而非车辆工程设计。这种情况反映了长期以来设计在汽车产业语境中被矮化和误读的处境。从被定义为"自主设计元年"的 2011 年上海国际汽车展至今，我国设计产业对于设计的理解开始升级，逐步意识到设计的重要性和延展性，但仍然将设计框定在"以美学来驱动市场需求"的范畴内，加之中国汽车设计教育发展时间较短，汽车设计教育被认定为以造型设计为主体的教育。"设计"在本质上依然只是被拓宽了的"造型"定义。即使在进入智能出行时代的前夕、设计开始进入第四语境的时刻，汽车设计依然被产业中大部分人定义为特殊的"美术"或者"造型"工具。

　　近年来，在全球范围内，汽车企业纷纷调整自己的战略——从汽车制造商向优秀的出行服务供应商转型，与之配套的是，部分企业在传统的设计研发体系之外，建立起了全新工作模式与内容的创新中心，例如大众汽车的未来中心（VW Future Center），重点研究基于新兴科技背景下的出行方式，他们甚至在命名中抛弃了"设计"字眼。国内外的设计教育界，也纷纷升级教学内容，从教学单位命名来看，出行（Mobility）与智能化（Intelligent）替代了原有的汽车（Car or Vehicle）和"交通工具"（Transportation）。目前，在全球的主流设计教育机构中，几乎很难找到以"汽车设计"（Vehicle Design）来命名的专业系科了。这些改变的原因是不言而喻的，如同学生群体在当下的快速变量一样，作为独立学科的汽车设计，内容上正发生着巨大的变化，即学科自身正在输出影响自我定义、范式的"变量"，这种"变量"呈现出迥异于以"信息科技"的兴起和普及作为分界线之前的学科内容，呈现出强烈的"升维"特征。因此，如何去定义汽车设计和理解汽车设计在当下语境中的内容升维，对设计"汽车设计教育体系"而言，是起决定性作用的。只有清晰地梳理好逻辑，才能树立起正确的教育目标并建立与之匹配的课程体系。

第一节
学科发展历史与未来动向

诞生于百年前的汽车产业、汽车消费领域，已经形成了一部可考的、具象的发展历史。而交通工具设计作为独立学科的发展和在全球范围内的建立过程，是大量汽车产业界人士与国内外重要院校、学者、设计师们共同努力的结果。以交通工具设计学科在国内外建立和发展的过程，以及设计学科领域的学术思想成果作为线索，观察交通工具设计学科在国内外的初创时期学科范式，可以归纳出交通工具设计学科建立和发展的脉络。

现代汽车设计教育制度的建立

1927年，通用汽车公司开创了在企业内部划分独立造型部门的先河。这一创举不仅意味着造型设计开始在汽车发展史上占据舞台的中心位置，同时奠定了后世长达七八十年之久的汽车设计的思想基础。当时，美国产业界的设计人才极度匮乏，几乎找不到在汽车设计领域具有经验的专业人士。全国没有一所艺术院校提供汽车设计课程，汽车设计尚未被认为是一门艺术或一种职业。为组建"艺术与色彩部"，哈利·厄尔不得不在美国和欧洲的定制车身厂商中苦苦寻觅合适的设计师。为可持续性地满足汽车设计行业的人才需求，厄尔创立了汽车设计行业的专业教育。直到今天，美国艺术中心设计学院（ArtCenter College of Design，ACCD）和创意设计学院（College for Creative Studies，CCS）仍然是汽车设计领域重要的探索者和实践者。

最早的正式汽车设计专业教育出现在1948年美国的艺术中心设计学院。这所学院早在20世纪30年代便开始相对零散地向通用汽车公司输送人才。1948年，这一合作转向了院校与汽车企业间建立的稳固关系。这标志着专业化汽车设计教育的开始。艺术中心设计学院是当时全美仅有的两个开设汽车设计专业的高等教育学院之一，并且是当时全世界仅有的一所提供汽车设计硕士学位的高等院校。因此，当时的艺术中心设计学院可以说是全世界汽车设计的最高学府（图2-1）。作为世界上最早建立的汽车设计专业，艺术中心设计学院的交通工具设计（Transportation Design）专业在国际汽车设计领域，始终保有着相当分量的话语权与影响力。当时世界上所有汽车企业的设计人员中，这个专业的毕业生占了1/3以上，无论欧洲、亚洲还是美国的汽车设计师，很少有与这所学院完全没有联系的。集中于南加州的18家外国汽车公司

◀ 图 2-1 1949 年，艺术中心设计学院学生在教师指导下制作模型

的设计部，所有主管都是该校的毕业生。

同一时期建立汽车设计专业的还有美国创意设计学院。1906 年，底特律当地公民领袖在英国工艺美术运动的启发下成立了底特律工艺美术协会，其使命是在迅速发展的工业化社会环境中传承美与工艺的精神，这就是创意设计学院的前身。1914 年亨利·福特开创流水线化的汽车生产模式后，底特律发展成为当时的世界汽车中心。依靠附近的铁矿石和炼油厂的便利条件以及廉价的水运优势，这里形成了庞大的汽车产业体系，美国最大的 3 家汽车公司——通用、福特、克莱斯勒的总部均设于此。1933 年，创意设计学院作为最早将汽车视为一种艺术形式的艺术机构之一，引起了全国媒体的关注。大约在同一时间，为了满足汽车工业和制造业对工业设计师的迫切需求，工业设计和商业艺术课程被引入教学体系。得益于独特的区位优势，创意设计学院得到了美国汽车产业界的大量赞助，其教学也与产业界保持着紧密的联系。作为美国最重要的汽车设计院校之一，创意设计学院在全球汽车设计领域也保有着很高的影响力。

二、全球化的交通工具设计教育

欧洲汽车设计教育体系的建立略晚于北美，主要集中在 20 世纪 60—70 年代，这和第二次世界大战后欧洲汽车工业的爆发式增长有着直接的因果关系。与北美相比，欧洲大陆国家众多，具有丰富多彩的语言和文化，因而也形成了更具差异化的汽车文化。为满足本国汽车工业发展的要求，欧洲各国都陆续建立了自己的汽车设计院系，其中最具代表性的包括皇家艺术学院（Royal College of Art，RCA）、考文垂大学（Coventry University）、普福尔茨海姆大学（Hochschule Pforzheim）、斯特拉特设计学院（Strate École de Design）以及于默奥大学（Umea University）等。

于 1967 年创立的皇家艺术学院是欧洲最重要的汽车设计院校之一。这所院校最早的发展得益于福特的全球战略——20 世纪 60 年代的福特致力于为全球不同国家和地区提供适应本地市场需求的产品，因而在伦敦也设立了设计中心。出于企业对设计人才的需求，福特与皇家艺术学院经过商讨，一致认为应当在专业设计教育机构中设

① 詹姆斯·戴森（James Dyson），工业设计师和发明家。他发明了真空吸尘器，并创立戴森公司，他是最受英国人敬重的、富有创新精神的企业家之一。

立汽车教育专业。身处世界性的文化和艺术中心伦敦，同时作为英国设计教育的最高学府，皇家艺术学院的汽车设计教育在全球产业的鼎力支持下取得了长足发展，对整个欧洲乃至全球的汽车设计产生了重大影响。不过，与此相对的是，英国本国的汽车产业在全球化时代处于相对衰退的时期。在 1999 年为庆祝汽车设计专业建立 30 周年而出版的文集中，詹姆斯·戴森①呼吁："英国应该意识到科学、工程和设计对这个国家是多么重要。年轻的设计师和工程师可以产生激进的新想法，他们不会因为给市场带来惊喜而失去什么——他们没有地位或形象的风险。反过来，这将刺激具有挑战性的新产业，使英国在全球市场上取得成功。"为了能够在信息化时代重振英国汽车产业，皇家艺术学院对产业趋势作出了比较敏锐的反应，2017 年，"车辆设计"（Vehicle Design）专业更名为"智能出行"（Intelligent Mobility）专业，批判性、创造性、研究性和战略性思维的培养被放置在比传统汽车设计技能更重要的位置。这引领了全球范围内专业名称变更的潮流，也引发了行业内对专业内涵的再思考（图 2-2）。

德国普福尔茨海姆大学是 21 世纪以来汽车设计教育领域崛起最快的院校。得益于身处欧洲汽车产业腹地的区位优势，普福尔茨海姆大学的汽车设计专业自 20 世纪 80 年代建立以来一直在高速发展。该专业非常强调专业实践，大部分课程都以合作项目的形式进行。在合作项目中，学生不仅打下扎实的专业理论和技能基础，掌握项目流程和时间规划，还通过与来自产业的指导者的联系获得了与不同领域的专业人士沟通的能力。普福尔茨海姆大学的毕业生在汽车设计行业的就业市场上非常受欢迎，在实际工作中往往也具有很强的生产力。此外，由于欧洲大陆高等教育绝大部分受到国家资助，这里的学费非常低廉。近年来，这所院校已成为欧洲乃至全世界很多学生向往的理想院校（图 2-3）。

斯特拉特设计学院是全球汽车设计教育界的后起之秀。这所成立于 1993 年的私立院校历史虽然不长，但经过几十年的教学实践，已经发展出独树一帜的教学理念。斯特拉特设计学院的教学思想深受法国人文主义精神的影响，强调设计师是人类价值观的承载者，因此必须掌握人文科学，对我们赖以生存的世界有独特的观点和一种姿态，以预测自己的作品对世界将产生什么样的影响。他们必须对自己的设计负责，这种责任是通过人文和社会科学教授的——将"人类的知识"带到设计学校。此外，学院强调专业实践的重要性，认为艺术之于设计师就如同数学之于工程师，是一种专业工具，但并不是设计的本质，好的设计师必定是与产业紧密联系起来的。通过品牌赞助项目、产业实习等方式，斯特拉特设计学院与汽车产业界建立了非常紧密的合作关系。

▶ 图 2-2 "Project Gaudi"，皇家艺术学院学生郑凯泽概念作品，2017 年

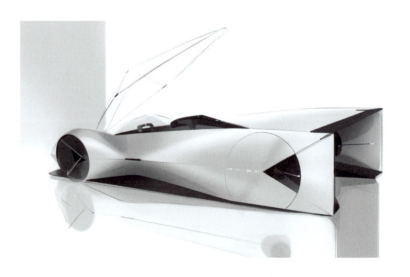

▲ 图 2-3 "Aston Martin Vesper & Visionary Concept"普福尔茨海姆大学交通工具设计专业学生蒋松霖概念作品，2018 年

三、中国在地性出行创新设计教育范式转换

中国本土汽车设计教育的发展经历了从跟随欧美教育体系标准，到建立基于出行创新的中国在地教育体系标准的过程。在新中国成立初期，国内汽车工业刚刚起步之时，汽车的设计更多依附于工程学科背景下的个人、机构、专业院校，当时涌现出的一批工程背景的汽车设计师，其中一些在今日中国的汽车设计行业依旧扮演着重要的角色。随着汽车工业的发展，国内与之相匹配的设计学科开始萌芽、建立，设计学科初期的发展就是一部依附、服务于汽车工业的历史。随着时间的推移，新的技术、新的社会生态、新的经济增长、新的民众需求催生了新的产业环境，也催化出数量繁多的艺术设计背景的汽车设计类专业。近五年，国内的汽车设计学科从跟随欧美强校转向了建立在地性的新标准。得益于近十年国内汽车产业的优秀发展基础、国家对于汽车产业和汽车市场的大力扶持、艺术设计学科立足于新文科建设的改革实施以及学科内部研究水准的内驱性提升，国内的汽车设计学科完成了从依附产业到探索产业发展方向的根本性转变，同时，向产业输出了一大批设计学科背景的汽车设计人才。

中央美术学院的汽车设计专业建立于 2006 年。中国汽车工业当时正处在高速发展的起步期，建设为国家支柱产业服务的汽车设计专业是历史赋予的使命。此外，从全球化的学术角度看，汽车设计专业在国际上重要的美术学院和艺术设计学院中都有一席之地，并成为与产业良性互动的平台。在专业建设初期，学校主要以欧美院校的课程体系为标杆开展教学。中国汽车市场的高速发展对汽车设计产业提出了全新的需求：怎样创造一个创新型汽车设计人才培养的新的教育平台与模块系统，以回应中国汽车产业对自主设计创新的特殊需求。当下，在信息时代来临之际，伴随巨大社会语境的变革和物质充裕、新兴科技迭代，汽车设计教育的新语境促使交通工具设计教育向出行创新设计教育转变，并重新建立关于教育范式、方法和建构课程体系的重要标准。新兴科技背景下，出行创新设计专业致力于建构开放型教学平台，以融合社会、科技、商业、伦理要素的教学动机，形成产学研结合的研究型课题课程群，辅助基础技能课程群、新型技术课程群和沉浸体验课程群，形成进阶式教学路径。接受设计教育的学生群体拥有了更加宽广的信息获取和交换方式，新兴科技的应用方式则产生了新型工作方法供学生群体使用，新的语境催生出的新型价值认同和伦理原则为学生群体提供了全新的实验场。

第二节
北美学科发展范式

一、美国艺术中心设计学院的教育范式

美国艺术中心设计学院的汽车设计教育是为适应当时刚刚建立的汽车设计体系的需求，在哈利·厄尔的一手指导下建立的。作为全世界历史最悠久的汽车设计教育体系，艺术中心设计学院的汽车设计教学一直强调扎实的设计技法训练和深入的专业知识培训，这在世界其他地方往往被称为"传统派（old school）教学风格"。某种意义上，这是对美国汽车产业黄金时期追求极致精神的一种传承。作为得到哈利·厄尔"真传"的设计院校，这里的教学某种程度上也受到了厄尔个人风格的影响。学院在教学中倾向于让学生保持一种"高压"的状态，这和厄尔指导下的造型设计部的工作状态非常相似。在学习阶段营造这种氛围，或许是为了让学生在毕业后能更好地适应类似的工作环境。艺术中心设计学院毕业的学生往往有着令人惊艳的设计技能和顽强的拼搏精神，这所院校为汽车设计界贡献了一批最优秀的设计师。

（一）学院的建立和交通工具设计教育的开端（1930—1940年代）

美国艺术中心设计学院是广告从业者爱德华·亚当斯（Edward A. Adams）于1930年在洛杉矶建立的。"当时，在经济大衰退中的企业急需设计来协助销售，因而在包装设计、插图设计、广告设计、工业产品设计等方面需求很大，从而对设计和艺术教育产生了强大市场需求。然而，整个洛杉矶当时却没有一家设计学院，甚至整个加利福尼亚州也没有正式的设计教育中心[①]。"为了向艺术家和设计师传授实用的工作技能，并为他们在广告、出版和工业设计领域担任领导角色做好准备，亚当斯组建了一个由各个领域的专业人士组成的教师队伍，正式成立了艺术中心设计学院。可以说，艺术中心从诞生起就具有明确的目标，即培养能满足艺术和设计领域商业化需求的专业人才。同一时期，现代设计的摇篮包豪斯由于其进步倾向遭到纳粹封禁，大量设计人才迁居美国，使得美国随之成为现代设计运动和设计教育发展的中心。

20世纪30年代，由于哈利·厄尔指导下的汽车造型设计帮助通用取得了巨大的商业成功，通用的竞争对手也开始效仿这种模式，纷纷扩大了自己的造型设计部门，这让市场上的汽车设计人才很快变得供不应求，任何训练有素的设计师和油泥模型师都会受到各个汽车企业的争抢。为了保证自己的造型设计部能够有源源不断的人才输入，哈利·厄尔在当时两所领先的工业设计学校——纽约的普瑞特艺术学

[①] 王受之. 扫描与透析：美国洛杉矶艺术中心设计学院[M]. 北京：人民美术出版社，2001.

院（Pratt Institute）和洛杉矶的艺术中心设计学院设立了奖学金，并在这两所学校的课程中都增加了汽车设计课程。从这一时期开始，艺术中心的毕业生开始陆续进入汽车行业，部分毕业生在位于底特律的通用汽车别克分部开始了职业生涯。曾任通用设计师、后来长期担任艺术中心交通工具设计专业导师的乔治·杰根森（George Jergenson）、斯特罗瑟·麦克明（Strother MacMinn）和约翰·科尔曼（John Coleman）等人就是在这一时期的艺术中心工业设计系接受了基础的汽车设计训练。

（二）现代汽车设计教育范式的形成（1950—1960年代）

从1948年开始，交通工具设计成为艺术中心设计学院的正式专业。随着战后的经济复苏，美国汽车产业迎来了黄金时期，艺术中心和产业的合作变成了一种常态。在整个职业生涯中，哈利·厄尔都对艺术中心的交通工具设计教育保持着很大的影响力。对于当时的交通工具设计专业毕业生来说，厄尔的通用造型设计部是汽车设计界的"洋基队"，毕业后能够加入厄尔的设计团队是一件无比光荣的事情。

艺术中心最早的教学团队几乎都来自通用的设计团队（图2-4），这让交通工具设计专业得以保持与产业的紧密联系。作为专业的联合创始人，汽车设计师乔治·杰根森在20世纪30年代就加入了通用的设计团队，并从1948年到1969年一直担任

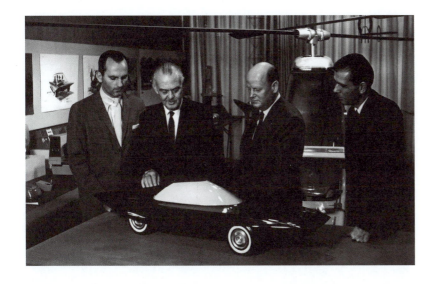

▶ 图 2-4　汽车设计专业最早的导师乔治·杰根森（左二）、斯特罗瑟·麦克明（右一）和通用汽车设计高管比尔·米切尔（Bill Mitchell）一起观看学生作品

交通工具设计专业主任。另一位重要导师，也担任过专业主任的斯特罗瑟·麦克明同样是在艺术与色彩部时期就加入了厄尔的设计团队，并与杰根森一起参与设计了优雅的欧宝Kapitän等车型。他在艺术中心设计学院任教近50年时间，是汽车设计领域最受尊敬的教育家之一。和产业千丝万缕的联系使得专业可以以行业里最新的设计为教学素材，哈利·厄尔本人也热衷于向学生展示他最新的设计作品。1952年，在当时最引人注目的概念车别克Le Sabre在洛杉矶举行巡回路演时，厄尔特地将这辆车开到艺术中心向学生们展示。通用造型设计部门的其他车型也成为学生们研究的范本（图2-5）。

艺术中心设计学院的交通工具设计专业开创了现代交通工具设计教育的基本模式。在这里，学生们学习在纸面上绘制草图的技巧，并练习用喷枪绘制大至全尺寸的效果图。他们制作胶带图，基于卡板制作小比例的油泥模型，并用石膏翻制成硬质模型，这些方法至今还在被全世界汽车设计专业的学生们广泛实践。

艺术中心的交通工具设计专业还开创了"企业赞助项目"这一全新的教学模式。

▶ 图2-5 20世纪60年代，麦克明教授以别克设计为范本向学生们讲解车身的截面线（Section）

历史上第一个企业赞助项目是通用的"涡轮项目"（Turbine Project，图2-6）。随后，福特等汽车公司也与艺术中心展开了合作。通过这种方式，企业的设计需求被直接输入到院校，学生们得以与"真实世界"建立更多联系，并得到专业人士的反馈。今天，这种模式还被全世界各地的汽车设计院校广泛采用。作为汽车设计教育的发祥地，艺术中心设计学院吸引了来自世界各地的汽车设计人才，这里有着浓厚的学习氛围，竞争也很激烈，学生们往往夜以继日地工作，高强度的训练使得这些毕业生拥有出色的能力，成为各大汽车企业争相招募的对象。

此外，由于学院靠近美国电影工业中心好莱坞，除了进入汽车产业，也有很多学生选择进入娱乐产业，其中最著名的是工业设计师和概念艺术家西德·米德①。随后，艺术中心将这部分课程独立出来，称为"交通工具设计－娱乐方向"，并最终成为一个独立的专业。

▶ 图2-6 1960年的通用"涡轮项目"中，学生在绘制全尺寸的汽车渲染图

① 西德·米德（Syd Mead，1933—2019），美国工业设计师，新未来主义概念艺术家，他为《银翼杀手》《星际迷航》《异形》《创战记》等科幻电影完成的设计广为人知。西德·米德被称为"描绘未来的艺术家"，是20世纪最具影响力的概念艺术家和工业设计师之一。

（三）产业新标准下的教育转型（1970—1990年代）

从20世纪70年代开始，汽车产业标准发生了巨大变化。人们开始意识到消费主义不受限制的扩张带来的弊端。随着《任何速度都不安全：美国汽车设计的风险》

的出版和全球变暖问题的提出，安全、环保等问题成为社会关注的焦点。1974年，艺术中心设计学院的校址从洛杉矶市中心搬迁到风景秀丽的帕萨迪纳市。新校区位于山顶上，可以俯瞰洛杉矶市区，风景优美。教学楼由密斯·凡·德·罗[1]的学生设计，具有强烈的现代主义风格。在拥有新教学环境的同时，交通工具设计专业的教学模式也迎来了一定的改变。

从1969年开始，基思·泰特（Keith Teter）和罗恩·希尔（Ron Hill）陆续成为交通工具设计专业的负责人。这期间，专业与企业的合作项目不断增加。尽管仍保留着高度专业化的技能训练体系，但课程关注的领域开始从严格的传统汽车设计方法转向更广泛的人类问题研究，例如人口增长、行为模式和新能源等。这一时期，院校在考虑合作课题时，不再将商业设计作为唯一的评价标准，转而更加注重项目的前瞻性。曾任艺术中心工业设计专业教授的王受之先生写道："如果单纯为商业设计，一方面会把学院变成商业设计事务所，同时也会使学生因太强烈的商业设计的影响，造成他们缺乏开创性、想象能力和创造能力。"例如，1971年通用赞助的"欧文"（Irvin）项目中，学生们将目光投向了交通系统的总体设计（图2-7）。欧文是加利福尼亚州奥兰治县的一个社区，也是加州大学欧文分校的所在地。学生们被要求为这个占地85000英亩、人口约50万的社区设计1990年的交通系统。为解决这个问题，学生们需要设计一个平衡的、由公共、私人、应急和服务车辆组成的综合系统，这个系统需要方便、经济、高效、极具吸引力，并考虑到技术、安全和生态标准方面的所有潜在可能。可以看到，交通系统的设计成为专业研究的一个重要领域。今天，艺术中心汽车设计领域的研究生课程即名为"交通系统与设计"（Transportation System and Design）。

这一时期的艺术中心交通工具设计专业，为世界输送了大量汽车设计人才。据2000年左右的统计，世界上的汽车设计师当中，有一半来自艺术中心设计学院。其中有很多我们耳熟能详的名字：克里斯·班戈、弗兰克·索塞多[2]、弗兰克·斯蒂芬森[3]、亨利克·菲斯克[4]和弗朗茨·冯·霍尔茨豪森[5]。艺术中心将这些具有丰富产业经验的校友视为非常宝贵的资源。每年，交通工具设计专业都会在校园草坪上举办"艺术中心经典"（ArtCenter Classic）活动。这是一个展示校友设计作品的小型活动，几十年来毕业的校友都会被邀请。在这里，年轻的学生和毕业生可以与毕业于20世纪70—80年代的校友建立紧密联系，并从他们的成功或失败中汲取经验教训。

[1] 路德维希·密斯·凡·德·罗（Ludwig Mies Van der Rohe，1886—1969），德国建筑师，包豪斯的第三任校长，最著名的现代主义建筑大师之一，与赖特、勒·柯布西耶、格罗皮乌斯并称四大现代建筑大师。密斯坚持"少即是多"的建筑设计哲学，在处理手法上主张流动空间的新概念。

[2] 弗兰克·索塞多（Frank Saucedo），美国设计师，1984年毕业于艺术中心交通工具设计专业，曾任通用设计总监。

[3] 弗兰克·斯蒂芬森（Frank Stephenson），在摩洛哥出生的美国汽车设计师，曾为宝马、MINI、法拉利、玛莎拉蒂、菲亚特、蓝旗亚、阿尔法·罗密欧和迈凯伦工作，并创立了自己的汽车设计公司。Motor Trend杂志称他为"我们这个时代最有影响力的汽车设计师之一"。

[4] 亨利克·菲斯克（Henrik Fisker），丹麦裔美国汽车设计师和企业家，他设计了包括宝马Z8、阿斯顿·马丁DB9、V8 Vantage在内的一系列豪华汽车，并创立了自己的新能源汽车品牌菲斯克。

[5] 弗朗茨·冯·霍尔茨豪森（Franz von Holzhausen），特斯拉首席设计师。

◀ 图2-7 艺术中心设计学院学生为通用"欧文"项目绘制的效果图，1971年

表 2-1 艺术中心设计

第一学期		第二学期	
写作工作室或高级写作工作室	3学分	研究的艺术	3学分
视觉表达基础1	3学分	视觉表达基础2	3学分
产品原型设计流程1	3学分	造型发展	3学分
设计流程1	3学分	设计流程2	3学分
设计基础1	3学分		

第三学期		第四学期	
现代主义简介或其他课程	3学分	汽车工程	3学分
汽车设计史	3学分	3D数字设计4	3学分
交通工具设计工作室3A	3学分	交通工具设计工作室4A	3学分
交通工具设计工作室3B	3学分	交通工具设计工作室4A 实验室	0学分
汽车技术1	2学分	交通工具设计工作室4B	3学分
汽车结构	2学分	汽车技术2	2学分
视觉表达基础3	3学分	视觉表达基础4	3学分
第三学期总结	0学分		

第五学期		第六学期	
材料和方法	3学分	设计专业	3学分
交通工具设计工作室5A	3学分	人机工程与设计心理学	3学分
交通工具设计工作室5B	3学分	交通设计洞见	3学分
视觉表达基础5	3学分	交通工具设计6	3学分
3D数字设计5	3学分	视觉表达基础6	3学分
第五学期总结	0学分		

第七学期		第八学期	
第七学期总结	0学分	交通工具设计工作室8A	3学分
交通工具设计7	3学分	交通工具设计工作室8B	3学分

附加要求		总计	
人文科学选修课：		人文科学单元总计	45学分
人文	3学分	工作室课程总计	87学分
社会科学	3学分	总学分	132学分
商业和专业实践	3学分		
以上任选	共9学分		
工作室课程	18学分		

学院本科课程

TERM 1	
Writing Studio OR Writing Studio: Intensive	3
Viscom Fundamentals 1	3
Product Prototype Process 1	3
Design Process 1	3
Design Fundamentals 1	3

TERM 2	
Art of Research	3
Viscom Fundamentals 2	3
Development of Form	3
Design Process 2	3

TERM 3	
Intro to Modernism OR 3 Credits of HHIS	3
History of Automobile Design	3
Transportation Studio 3A	3
Transportation Studio 3B	3
Vehicle Technology 1	2
Vehicle Architecture	2
Viscom Fundamentals 3	3
3rd Term Review	0

TERM 4	
Automotive Engineering	3
3D Digital 4	3
Transportation Studio 4A	3
Transportation Studio 4A Lab	0
Transportation Studio 4B	3
Vehicle Technology 2	2
Viscom Fundamentals 4	3

TERM 5	
Materials and Methods	3
Transportation Studio 5A	3
Transportation Studio 5B	3
Viscom Fundamentals 5	3
3D Digital 5	3
5th Term Review	0

TERM 6	
The Design Professional	3
Human Factors and Design Psychology	3
Insights for Transportation Design	3
Transportation Design 6	3
Viscom Fundamentals 6	3

TERM 7	
7th Term Review	0
Transportation Design 7	3

TERM 8	
Transportation Studio 8A	3
Transportation Studio 8B	3

ADDITIONAL REQUIREMENTS	
Humanities and Sciences electives:	
Humanities	3
Social Sciences	3
Business and Professional Practice	3
Any of the above	9
Studio Electives	18

TOTAL	
Total H&S units	45
Total Studio units	87
Total Required Units	132

① 奥山清行(Ken Okuyama)，日本著名汽车设计师，奥山清行设计事务所创始人。曾任宾尼法利纳设计总监，服务于通用、保时捷品牌，并曾任艺术中心设计学院交通工具设计专业主任。代表作包括本田 NSX、法拉利 ENZO、ROSA 等。

② 杰夫·沃德尔（Geoff Wardle），英国汽车设计师，具有 20 余年的汽车设计经验，现任交通系统和设计专业的执行主任。他最广为人知的贡献是与另一位汽车设计师斯图尔特·麦西（Stuart Macey）合著了经典的汽车设计工具书 H-Point。

（四）数字时代的汽车设计教育（2000 年至今）

21 世纪以来，数字化进程和智能化趋势极大改变了汽车设计流程。在前任专业负责人奥山清行[①]、杰夫·沃德尔[②]和现任专业负责人斯图尔特·里德（Stewart Reed）的指导下，交通工具设计专业融合了传统技术和数字技术，学生们在继续使用油泥制作外饰模型的同时，开始使用 Alias 等 3D 数字建模工具。今天，交通工具设计专业继续研究如何兼顾造型、安全性和功能性的要求，并反映社会和文化上的需求，赞助项目也继续作为课程的重要组成部分。同时，交通工具设计专业正在对课程进行重大改革，让学生准备好面对未来各种各样的可能性。专业扩展了研究领域，以寻找新的可能性。师生的注意力不再放在汽车的外饰造型上，而是对内饰进行更深入的研究。专业还把目光从汽车转向摩托车、轮船和飞机等交通工具，这些教学内容现在成了课程的一部分。

艺术中心对本科毕业生的培养目标设定了八项指标，分别为解决问题能力、知识、沟通能力、评估能力、职业素养、技法、预测能力和创新能力。通过将八个学期的课程和这些能力指标对应分析，会发现大多数课程指向了培养目标中的知识和技法这两个指标，这些课程中开设了 10 门交通工具设计工作室课程（Studio），对核心知识和能力进行训练（表 2-1）。由此可见，艺术中心教学强调技法的训练和汽车设计的专业知识，技法是其教学的核心。得益于悠久的传统以及与美国汽车产业的紧密合作，艺术中心设计学院的交通工具设计专业一直在国际汽车设计领域享有很高的声誉。

二、底特律创意设计学院的教育范式

创意设计学院是一所位于底特律市中心的非营利性私立学院，授予学士和硕士学位。学院的培养目标是为生机勃勃、不断增长的创意产业提供人才。创意设计学院的交通工具设计专业经历了 55 年的发展，目前是其王牌专业。半个世纪以来，在这里受过教育的设计师们推动了包括自动驾驶汽车与出行设计在内的产业创新。如今，创意设计学院的交通工具设计工作室也是行业内头部企业寻求顶尖汽车设计人才的地方（图 2-8）。

（一）学院的建立和交通工具专业的设立（1900—1960 年代）

创意设计学院的历史可以追溯到 1906 年。当时，当地公民领袖在英国工艺美术运动的启发下成立了底特律工艺美术协会，这是创意设计学院的前身。该协会的使命

▶ 图 2-8 创意设计学院的交通工具设计专业教学环境

是在迅速发展的工业化社会环境中传承美与工艺的精神。在农夫街的原址，协会成员开始教授基础设计、绘画和雕刻的非正式课程。1911 年，他们开设了一个画廊，以便学生和著名的现代艺术家在那里展示和销售他们的作品。随着底特律的创意社区不断扎根，协会认识到需要扩大学校的规模。1926 年，创意设计学院成为第一批提供正式的四年制艺术课程的艺术和工艺组织学校之一。1962 年，密歇根州教育部授权学院提供工业设计方面的学士学位，学院正式成为一所大学。八年后，学院被授权在其所有主要课程中授予学位。

学院早期的成功很大程度上归功于将课程与艺术和设计运动的潮流，以及世界一流的展览紧密结合在一起——这一传统一直延续至今。除了有才华的本国艺术家和设计师外，学院还从世界各地寻找著名的画家、雕塑家和手工艺人来教授课程。从 20 世纪 20 年代开始，随着福特 T 型车为汽车制造开创了新的产业模式，底特律发展成为世界汽车中心，依靠附近铁矿石和炼油厂的便利条件及廉价的水运优势形成了庞大的汽车工业体系。美国最大的 3 家汽车公司——通用、福特和克莱斯勒公司的总部均设于此。20 世纪 30 年代，这所学校作为当时最早将汽车视为一种艺术形式的艺术机构之一，引起了全国媒体的关注。同时，工业设计和商业艺术被引入学校的课程。1967 年，交通工具设计正式成为独立专业。

（二）学院的高速发展与产业合作的建立（1970—2000 年代）

1975 年，获得建筑奖的克雷奇·福特（Kresge Ford）大楼竣工，底特律艺术和工艺协会更名为创意研究中心——艺术和设计学院（Center for Creative Studies—College of Art and Design）。1987 年，曾担任雪铁龙造型设计总监和皇家艺术学院导师的卡尔·奥尔森（Carl Olsen）接手霍默·拉加西（Homer Lagassy）的工作成为交通工具设计专业的负责人，对专业课程进行了改革。当时，该

▼ 图 2-9　20 世纪 90 年代，福特设计团队对赞助项目进行评审

第二章　出行创新设计学科动向与范式

▲ 图 2-10　创意设计学院交通工具设计专业教学环境

① 道格·蒋（Doug Chiang），1982 年毕业于创意设计学院工业设计专业，目前担任卢卡斯影业副总裁兼执行创意总监。他从事《星球大战》系列电影的设计开发工作超过 25 年。

② 查尔斯·凯特林（Charles Franklin Kettering），美国发明家。他享有"创新之父"的美称，领导研发了包括汽车蓄电池起动系统、DUCO 油漆、乙基汽油、两冲程柴油机、独立前悬架在内的众多汽车创新技术，在通用汽车开创了一个新时代。

③ 此名称源于赞助该地产项目的美国地产商和慈善家阿尔弗雷德·陶布曼，他为这一改建项目提供了资金支持。

专业已经在业内具有一定知名度。奥尔森在回忆文章中写道："我们创建了新的课程并加强了现有的计算机辅助设计课程。我们努力提高学生的创造力和审美水平。为了提高商业技能，我们引入了一门名为设计策略的课程。这门课程使用了哈佛大学 MBA 的案例研究来帮助学生理解他们将要工作的商业环境的复杂性。我们在项目中牺牲了一点设计的可行性，以支持更有创意的解决方案和更广泛的美学视野。"这些举措对专业的发展起到了非常积极的作用，来自产业界的赞助急剧增加（图 2-9），世界各地的汽车企业为学生提供的工作机会也在增加。这一时期的知名校友包括众多业内知名的汽车设计师、设计总监以及道格·蒋[①]等。

（三）新世纪的发展和重建（2001 年至今）

2001 年发生了一个对学校的未来至关重要的里程碑事件，董事会决定将学校的名称改为创意设计学院，以更清楚地传达其作为一个经政府认可的可以授予学位的"学院"身份。2008 年，通用汽车将阿戈纳特大楼（Argonaut building）捐赠给创意设计学院。这栋建筑是在通用汽车前董事长和首席执行官斯隆指导下设计和建造的，它曾是通用汽车的第一个研究和设计工作室，如今已经是国家历史地标。查尔斯·凯特林[②]和哈利·厄尔等行业先驱都曾以这里作为工作场。创意设计学院耗资 1.45 亿美元重建了这栋历史悠久的大楼，并将其命名为阿尔弗雷德·陶布曼设计教育中心（A. Alfred Taubman Center）[③]，这是学校历史上迄今为止最重要的工程项目。

今天，在创意设计学院学习的过程中，学生被邀请扮演"设计师作为发明家"（designer as inventor）的角色，在教师的带领下完成前期调研、草图和 3D 渲染、动画、核心能力分析等完整设计流程（表 2-2）。在定制的项目课题中，学生通过对形式和材料、功能和工程的探索来进行创新（图 2-10）。学生可以将这种设计的思维方式应用于现实世界，其中包括商业实践、市场调研、品牌识别、载具外观和移动空间系统。在设计教学过程中,学生通过对设计史、社会、政治、经济和文化背景的研究、分析和概念生成来构建工作框架。综合知识与技能,为未来创造有远见、有吸引力和对社会负责的交通工具,并通过有说服力的专业写作方式对概念进行阐明和论证。同时,设计师通过创造具有技术支撑与概念影响力的交通工具和系统概念,来扩大市场需求的审美视野,并与各个领域的专家进行跨学科合作,创造行业领先的新事物。运用对商业、技术、文化和社会责任的理解来提升和引领交通工具的设计方式与方法,这被视为整个设计思考过程中的重要环节(图2-11)。

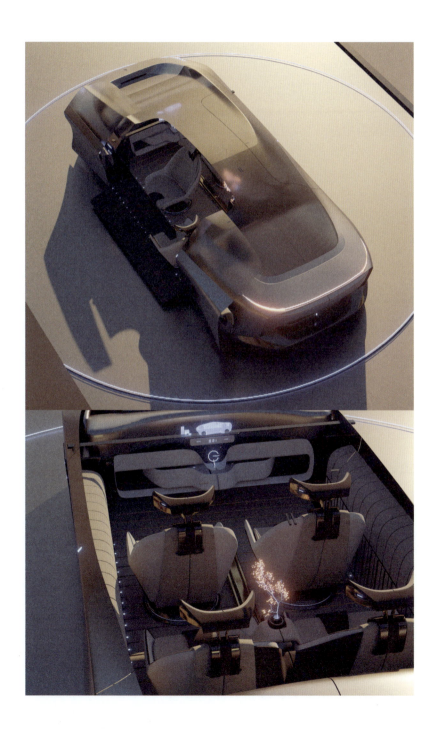

◀ 图 2-11 "QUAM-2040" 创意设计学院交通工具设计专业学生何松林概念作品,2021 年

表 2-2　创意设计学院

第一学期：15-16学分

	课程	学分
	CCS新生体验Course	1学分
	绘图：快速概念设计	3学分
	过程与制作	3学分
任选其一	2D设计 或	3学分
任选其一	3D设计：形态与空间	
	大一交通工具设计工作室课程	3学分
	写作1	3学分

第二学期：18学分

	课程	学分
	绘图2：风格与技法	3学分
任选其一	2D设计原则 或	3学分
任选其一	3D设计：形态与空间	
	数字技术	3学分
	视觉表达1	3学分
	大一交通工具设计工作室课程	3学分
	写作2	3学分

第三学期：18学分

	课程	学分
	视觉表达2	3学分
	设计理论1	3学分
	数字建模1	3学分
	大二交通工具设计工作室课程	3学分
	西方艺术历史文化	3学分
	通识选修	3学分

第四学期：18学分

	课程	学分
	视觉表达3	3学分
	设计理论2：智能出行	3学分
	大二交通工具设计工作室课程	3学分
	数字建模2	3学分
	人机工学	3学分
任选其一	视觉叙事：亚洲 或	3学分
任选其一	视觉叙事：非洲、美洲	

第五学期：16.5学分

	课程	学分
由专业安排	初级内饰设计工作室课程 或	3学分
由专业安排	初级外饰设计工作室课程	
由专业安排	初级出行设计工作室课程	
由专业安排	初级汽车设计工作室课程	
	视觉表达4	1.5学分
	数字建模3	3学分
	作品集&设计汇报	3学分
	汽车系统与总布置	3学分
		3学分

第六学期：16.5学分

	课程	学分
由专业安排	初级内饰设计工作室课程 或	3学分
由专业安排	初级外饰设计工作室课程	
由专业安排	初级出行设计工作室课程	
由专业安排	初级汽车设计工作室课程	
	材料与加工工艺	3学分
	视觉表达5	1.5学分
任选其一	数字建模4（可视化）或	3学分
任选其一	数字建模4（A级曲面）	
	现代设计史	3学分
	企业实践	3学分

第七学期：12学分

	课程	学分
由专业安排	高级内饰设计工作室课程	3学分
由专业安排	高级外饰设计工作室课程	
由专业安排	高级智能移动设计工作室课程	
由专业安排	高级汽车设计工作室课程	
任选其一	艺术史 或	3学分
任选其一	视觉文化选修	
	通识选修	3学分
	选修课	3学分

第八学期：12学分

	课程	学分
由专业安排	高级内饰设计工作室课程	3学分
由专业安排	高级外饰设计工作室课程	
由专业安排	高级智能移动设计工作室课程	
由专业安排	高级汽车设计工作室课程	
	自然科学选修	3学分
	通识选修	3学分
	通识选修	3学分

交通工具设计专业本科课程

First Semester = 15-16 Credit Hours

Course	Credit
CCS First Year Experience	1
Drawing I: Rapid Concept	3
Process & Making	3
Choose One: 2D Design or 3D Design - Form & Space	3
Freshman Transportation Design Studio I	3
Composition I	3

Second Semester = 18 Credit Hours

Course	Credit
Drawing II: Style & Skill	3
Choose One: 2D Design Principles or 3D Design - Form & Space	3
Digital Techniques	3
Visual Communication I	3
Freshman Transportation Design Studio II	3
Composition II	3

Third Semester = 18 Credit Hours

Course	Credit
Visual Communication II	3
Design Theory I	3
Digital Modeling I	3
Sophomore Transportation Design Studio	3
Western Art History/Visual Culture	3
General Education Elective	3

Fourth Semester = 18 Credit Hours

Course	Credit
Visual Communication III	3
Design Theory II: Mobility	3
Sophomore Transportation Design Studio	3
Digital Modeling II	3
Human Factors	3
Choose One: Visual Narration: Asia or Visual Narration: Africa/America	3

Fifth Semester = 16.5 Credit Hours

Course	Credit
Placed by Dept: Junior Interior Design Studio	3
Junior Exterior Design Studio	
Junior Mobility Design Studio	
Junior Vehicle Design Studio	
Visual Communication IV	1.5
Digital Modeling III	3
Portfolio & Presentation Design	3
Vehicle Systems & Packaging	3
Survey of World Literature	3

Sixth Semester = 16.5 Credit Hours

Course	Credit
Placed by Dept: Junior Interior Design Studio	3
Junior Exterior Design Studio	
Junior Mobility Design Studio	
Junior Vehicle Design Studio	3
Materials & Manufacturing Processes	1.5
Visual Communication V	3
Choose One: Digital Modeling IV (Visualization) / Digital Modeling IV (A-class)	3
History of Modern Design	3
Business Practices	

Seventh Semester = 12 Credit Hours

Course	Credit
Placed by Dept: Senior Interior Design Studio	3
Senior Exterior Design Studio	
Senior Mobility Design Studio	
Senior Vehicle Design Studio	
Choose One: Art History or Visual Culture Elective	3
General Education Elective	3
Elective	3

Eighth Semester = 12 Credit Hours

Course	Credit
Placed by Dept: Senior Interior Design Studio	3
Senior Exterior Design Studio	
Senior Mobility Design Studio	
Senior Vehicle Design Studio	
Natural Science	3
General Education Elective	3
General Education Elective	3

第三节
欧洲学科发展范式

一、英国皇家艺术学院的教育范式

英国皇家艺术学院是历史最悠久的艺术教育机构之一。这所学院不设本科阶段教育,是全球唯一的全研究制艺术院校。20世纪后半叶,皇家艺术学院一直是欧洲汽车设计领域最重要的院校,到今天仍然保持着强大的影响力。与世界各地同领域的其他设计院校不同的是,皇家艺术学院汽车设计专业建立在本国汽车工业相对衰退的基础上,这让该专业对时代的风向更加敏感,注重对学生批判性、创造性、研究性和战略性思维的培养,重视学生专业背景的多元化,强调跨学科的研究方法,鼓励不同专业背景学生的合作。在汽车设计专业迄今为止的400多位毕业生中,出现了大量的顶尖设计人才,学院也将汽车设计视为自己的王牌专业,为英国和世界的汽车设计发展做出了重要贡献。

(一)学院的建立和职业设计教育的兴起(1830—1940年代)

英国皇家艺术学院始建于维多利亚时期。随着装饰艺术运动在法国兴起,英国产业界意识到美术教育对于产业发展的重要意义。经过一系列游说,1837年,在女王的丈夫——阿尔伯特亲王和时任首相墨尔本勋爵的支持下,英国政府在萨默塞特宫设立了政府设计学校(Government School of Design),主要教学内容为装饰艺术。1851年,随着万国博览会在伦敦水晶宫成功举办,以及工艺美术运动的兴起,学院在对工业革命的反思中完成转型,更名为艺术师范培训学校(Normal Training School of Art)并迁至南肯辛顿地区。1896年,学院更名为皇家艺术学院(Royal College of Art,图2-12)。

20世纪初,学院的教育委员会意识到,"设计师"应当从"手工艺人"或"艺术家"的行列中脱离出来:首先,工业生产的手段已经大量取代了手工艺,再重复进行手工艺的培训意义有限;其次,工业界需要的是在特定的设计领域有经验的人,设计师应当在工程方面具有足够的知识,而不是仅仅接受基础的绘画培训。得益于这样的认识,学院在1930—1940年代经历了快速发展,声望日渐提高,学生规模快速增长。这一时期,教学的重心是如何提供多样化的专业教育,引入了平面设计、工业设计和时装设计等新课程,并培养了大量优秀人才。

该学院的毕业生也为汽车行业做出了贡献,例如雕塑家查尔斯·赛克斯(Charles

▲图2-12 智能出行(车辆设计)专业是英国皇家艺术学院最重要的专业之一

Sykes)为劳斯莱斯设计了著名的欢庆女神车标。不过,这一时期的英国汽车产业还没能完成对福特模式的复制,产量很低且造价高昂。对英国百姓而言,汽车仍是少数贵族和富人的玩物,汽车设计师还没能成为一种独立职业。

(二)英国汽车工业的繁荣时期与专业化教育(1950—1970年代)

第二次世界大战结束后,在马歇尔计划的帮助下,欧洲经济快速复苏,城市得到重建,英国汽车产业也进入快速发展期。文化上,波普艺术在伦敦萌发,爆发了巨大的能量。摇滚乐回响在大街小巷,整个社会充满了活力和能量。身处这场巨大变革中心的皇家艺术学院也迎来了重大变化:1962年,位于肯辛顿高尔街(Kensington Gore)的达尔文大楼建成,所有设计类课程拥有了全新的教学环境。1967年,学院获得了王室认证,同时获得了大学地位和授予学位的权力。

这一时期的皇家艺术学院,特别是其设计学院,致力于帮助产业界摆脱战争带来的困苦阴霾,在新的时代找到出路。时任校长罗宾·达尔文(Robin Darwin)在1949年的演讲中提到:"在学术改革中,我们最重要的决定就是在所有设计领域推行严格的专业化政策,放弃作为师范学校的责任,并在所有主要工业领域提供完全实用的课程[①]。"在教学中,学校反复强调"好设计带来好生意"(Good design is good business),并因毕业后进入产业界的学生人数众多而自豪。1959年,工业设计专业成立,设计师米沙·布莱克(Misha Black)成为专业首席教授。20世纪60年代,布莱克与当时的福特英国分公司设计总监罗伊·布朗(Roy Brown)讨论后,认为应当在皇家艺术学院建立汽车设计专业教学。当时,布朗已经在伦敦建立了一所小型汽车设计培训学校。不过,与布莱克商议后,他们一致认为培养汽车设计师的重任应当由专业院校里的工业设计专业承担。因此,在福特的赞助下,皇家艺术学院于1967年设立了汽车设计专业,并在之后的数十年中一直称之为"汽车设计小组"(Automobile Design Unit)。小组的工作宗旨是"使学生,最好是以前接受过一些设计培训的学生,在进入汽车行业时能够掌握汽车设计和造型实践中所涉及的具体技能、学科和程序方面的工作知识和专业知识"。在这里,学生与有经验的设计师们并肩工作,完成了大量富有激情的工作。和今天一样,学生们学习包括绘图在内的各种技术,使用福特赞助的油泥烤箱制作小比例油泥模型(图2-13)。教授们使用实车为学生们讲授汽车工程课程,并带领学生们去美术馆参观雕塑等艺术作品,试图帮助他们从中找到灵感。

① Christopher Frayling. The Royal College of Art: One Hundred & Fifty Years of Art & Design[M]. London: Barrie & Jenkins Ltd,1987.

◀ 图2-13 皇家艺术学院的智能出行(车辆设计)工作室

① 彼得·史蒂文斯（Peter Stevens），英国著名汽车设计师，曾为迈凯伦、兰博基尼、宝马、路特斯和捷豹等品牌设计了很多成功车型。

② 彼得·希瑞尔（Peter Schreyer），德国著名汽车设计师，曾为大众集团和奥迪品牌工作了 25 年，设计了奥迪 TT 和新一代甲壳虫。随后担任起亚品牌首席设计官及总裁、现代集团执行设计顾问和品牌大使。

③ 戈登·瓦格纳（Gorden Wagener），德国汽车设计师，戴姆勒公司首席设计官。

④ 格里·麦戈文（Gerry McGovern），中文名哲芮勋，英国汽车设计师，现任路虎设计总监和捷豹路虎集团首席创意官。

⑤ 伊恩·卡勒姆（Ian Callum），中文名严凯伦，英国著名汽车设计师，他设计的 DB7 被认为拯救了阿斯顿·马丁品牌。此后，他担任捷豹设计总监近 20 年。

▼ 图 2-14 "Audi Epiphany"，皇家艺术学院车辆设计专业学生皮诗涵，Ejing Zhang 概念作品，2012 年

"汽车设计小组"为英国和全世界培养了大量汽车设计人才，包括彼得·史蒂文斯①、彼得·希瑞尔②、戈登·瓦格纳③、哲芮勋④和严凯伦⑤等。根据学院在 1999 年的统计，90% 以上的学生毕业后进入了汽车行业。不过，学院也注意到这种高度专业化的教育可能存在弊端。在 1959 年的年度报告中，达尔文校长提到："将这些院系分开组成小组，可能导致我们的教学过于狭窄和集中。当然，如果没有这种程度的专业化，我们就不可能快速给产业界留下深刻的印象，因为我们不可能为产业界培养出这么多合适的学生，这是事实。然而，从教育的长远利益和工业的长远利益来看，我们可能过于短视了。"

（三）全球化浪潮下的反思与平衡（1980—2010 年代）

20 世纪 80—90 年代，受到种种复杂因素的影响，英国汽车工业经历了衰退时期。为了挽救本土汽车工业，从 1975 年开始，英国政府主导了汽车工业的国有化，但这并没能阻止英国汽车工业的颓势。到 21 世纪初，英国所有的本土品牌几乎都被拆分出售。与此同时，人们似乎不再对经历了半个世纪发展的工业设计概念抱有最初那种狂热，而是抱有一种更成熟的态度。人们逐渐开始意识到眼前的"三个危机"——资源危机、食物危机、矿物与能源危机。

由于国家经济的衰退，学院也受到了一些负面影响。1981 年，英国教育与科学部在报告中指责学院"没有通过其'教学、研究和与工业界的合作'对英国经济的振兴做出足够有效的贡献"，并削减了相关预算。不过，得益于和产业界的紧密联系，汽车设计专业受到的影响似乎小一些。虽然本国汽车产业面临衰退，但伦敦依然是世界性的文化和艺术中心，也是很多汽车品牌设计中心的所在地。在全球化的背景下，国际品牌依然慷慨地为汽车设计专业提供经费和师资。福特、克莱斯勒、日产、雷诺、丰田、菲亚特、宝马等品牌都与专业开展过课程合作，由学院教师与来自产业的专家一同进行课程教学。1998 年，学院在福特赞助下举办了大型展览"移动的物体"（Moving Objects），以庆祝汽车设计专业成立 30 周年。

这一时期的皇家艺术学院，已经意识到教育过度职业化的弊端。在写给国家高等教育咨询机构的报告中，这个问题是这样表述的："如果要让学生更充分地从高水平的视觉艺术教育中受益，他们就不应该专注于狭隘的、对大多数人来说不切实际的职业观念。他们应当在更多的课程中获得更广泛的经验，其中一些课程可能会将艺术设计与其他研究结合起来，让这一层次的学生有能力进入不同的领域。"据教育学家克里斯托弗·弗赖林（Christopher Frayling）教授总结，这一时期的教学是在两种模

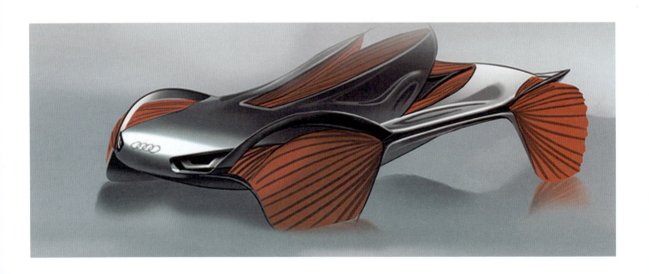

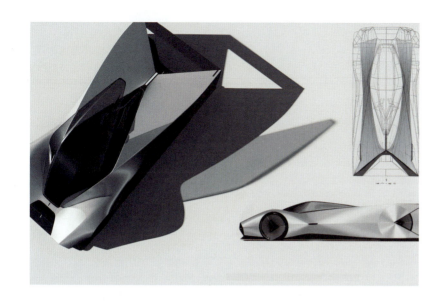

▲ 图 2-15 "Project Gaudi"，皇家艺术学院车辆设计专业学生郑凯泽概念作品，2017 年

式中摇摆——规范性模式（"语法""规则""系统"）与批判性模式（"工艺""自我实现""社会变革"）。

这种摇摆和平衡也体现在汽车设计的教学中。上一时代的价值观依然受到尊重，学生毕业后进入车企依然是值得鼓励和自豪的，但时代和社会的变化也要求教学做出反思和改变——毕竟，上一时代的职业化设计教育没能拯救英国汽车。为了更好地服务产业，新时代的设计师必须能够从全局的视野考虑整个行业，具有战略性的眼光和研究性的思维方式。在"车辆设计"（Vehicle Design）专业，设计对象不再局限于汽车，而是覆盖到出行与物流的各个领域，飞机、飞艇、自行车、船舶、火车、有轨电车和货车，都被纳入考虑范围（图 2-14）。学院也鼓励学生通过交叉性的课程学习，走向工业设计师、交通规划师、自由设计师等的职业生涯。在 1999 年的一篇文章中写道："车辆设计专业的毕业生并不作为技术或工程专业人员就业，也不作为材料技术专家、空气动力学专家或人体工程学专家，尽管他们对这些问题有一定了解，而且在许多情况下，可以成为成功的贡献者。他们的主要活动是创造、控制和完善具有现代化、功能性和可制造性的车辆内外三维设计。车辆设计师的技能是以潜意识的方式向观察者传达设计的价值、问题和功能。其中一些价值与其质量和地位、技术和性能、文化和社会背景以及历史渊源有关。"

（四）教育产业化与数字时代的重新出发（2017 年至今）

自撒切尔夫人的时代开始，英国教育经历了充分的产业化。相比欧洲大部分依靠财政拨款的公立院校，英国的教育必须拥有更敏锐的触角，才能适应时代的需要（图 2-15）。因此，21 世纪以来，在数字化浪潮深刻改变了时代的背景下，尽管本国的产业界反应相对缓慢，作为学术界的代表，皇家艺术学院却敏锐地做出了应对。2012 年，随着巴特西（Battersea）校区的启用，学院设立了皇艺创新组织（Innovation RCA），为毕业生的初创企业提供孵化基地。2017 年，学院聘请前苹果副总裁和首席设计师乔纳森·艾维（Jonathan Ive）出任名誉校长。同年，"车辆设计"专业更名为"智能出行"专业，成为智能化浪潮的一个注脚。不过，学院也向教育的产业化做出了妥协，过去引以为豪、区别于英国其他院校的两年制硕士课程被缩短为 15 个月，学生必须在更紧凑的时间里安排自己的学业。

在最新的课程介绍中，专业将教学目标总结为四点：①批判性：使学生有能力对

表 2-3　皇家艺术学院

单元名称	学期	学分	课程性质
必修课1：**语音智能移动设计**（技术可行性、文化敏感性、包容性、可持续性、健康与幸福）	第一学期	15	核心
必修课2：**人与地点**［新的汽车类型学（从微观到宏观）移动基础设施、建筑和可持续的居住空间］	第一学期	30	核心
选修课1：**汽车产业变革**（再设想汽车总布置、建筑、汽车作为新型移动服务和移动产品的一部分） （1）内饰：人的尺度，移动环境的空间架构 （2）外饰：用形态语言去表达文化的重要性 （3）界面设计：探索移动界面的交互方式	第二学期	15	选修
必修课3：**人性化技术**（探索信任、安全、舒适和幸福感。通过自动化、共享和新型移动设备等发展出新型交互方式和旅行体验）	第二学期	30	核心
必修课4：**个人研究项目**（自主确定研究方向并启动智能移动设计项目）	第三学期	60	核心
全校跨专业合作单元	第一/二学期	30	核心

城市化、社会和技术变革的一系列关注点做出批判性的回应，要求学生了解并能参与城市生活、出行体验以及人机合成相关政策与议题的讨论；②创造性：课程采取一种目的性很强的多元化方法，要求学生采取创新和远见的方法来形成新的移动性主张，将促进新意识形态发展作为设计过程的一部分，以参与可持续性、新技术和新兴商业模式等全球性问题；③研究：使用创新的跨学科研究的设计方法，探索复杂和不断变化的世界中的出行，确保学生具备必要的专业知识，以应用一系列研究方法和手段；④战略设计：将学生置于汽车和出行设计"第三时代"的最前沿。课程通过定制的教学计划、行业专家以及与产业和用户的合作，赋予设计师战略和远见。将传统的出行设计推进到一个在用户和技术－文化领域更有潜力的空间，这要求学生了解并符合出行领域的标准和期待。可以看到，在技术日新月异的时代，"规范"和"标准"的重要性被大大降低了，而"批判"和"创造"的重要性则被提高了。显然，在这一时期，学院教育更注重学生思考的逻辑性和前瞻性，而非手头的技艺。

作为一所只有研究生教育的院校，皇家设计学院的教学方法和其他院校有所不同。学校不设固定课程，教学环节分为个人辅导、小组辅导、研讨、讲座、展示和参观六个部分（表2-3）。其中，个人辅导环节是最重要的。进入专业后，每个学生都需要选择"研究路径"（pathway），并分配个人导师和路径导师，两位导师都通过定期

智能出行专业研究生课程

Unit Title	Term	Credit	Core/Elective
lmandatory 1: **Contextual intelligent mobility design** (Enabling technology, cultural sensitivity, inclusivity, sustainability, health and wellbeing)	1	15	Core
mandatory 2: **People and places** (New vehicle typologies (from micro to macro) Mobility infrastructure, architecture, and sustainable placemaking)	1	30	Core
elective 1: **Automotive transitions** (Re-imagining vehicle packaging, architecture, vehicle typologies as part of new mobility services and products) (i) Interior - human scale, the architecture of mobile environments (ii) Exterior - the language of form to articulate cultural significance (iii) UX - exploring interaction at the 'mobility interface'	2	15	Elective
mandatory 3: **Humanising technology** (Exploring trust, safety, comfort and wellbeing. Developing novel interactions and journey experiences across autonomous, shared & new mobility etc.)	2	30	Core
mandatory 4: **Individual Research Project** (Self-directed and initiated intelligent mobility design project)	3	60	Core
College-Wide Unit	1/2	30	Core

的个人辅导对学生进行指导。在辅导中，导师会与学生讨论进行中的项目，挑战学生思维和想象力的极限。在整个项目过程中，学生需要与导师进行密切互动，并做好记录工作。偶尔，导师也会安排小组辅导，将同一研究路径的学生聚集在一起，讨论彼此的工作进度。与小组辅导类似的另一项集体活动是研讨环节，不过讨论的不是项目进展，导师一般会提前拟定好主题，让学生事先做一些研究和准备，再和学生交流想法。讲座环节的嘉宾一般是外请的知名艺术家、设计师和行业专家，有时是整个专业的学生参与，有时只有特定研究路径的学生参与。此外，有时专业还会安排专业人员对某些特定的工艺、技术和材料进行展示，或安排学生参观博物馆、美术馆和公司等。

  对于智能出行专业课程的理念，学院官方是这样描述的："让学生有能力从宏观角度考虑出行需求，为问题提供关键解决方案。核心方法是通过创造性研究来应对技术和文化带来的挑战，完成成熟的设计和创新主张，抓住新出行创造的机遇。学生与出行领域的设计师、意见领袖和行业领导品牌密切合作，以确保他们对工业实践有全面的了解，并有机会参与到商业模式、生产方式、所有权分配和用户模式等关键领域的创新和实践中。"相信在未来，智能出行设计专业的毕业生也会持续用自己的创造力改变这个世界。

二、普福尔茨海姆大学的教育范式

普福尔茨海姆大学成立于 1877 年，是巴登符腾堡州最大的应用科学大学之一。这所大学下设三所学院——设计学院、工程学院和商学院，都在德国享有很好的声誉。普福尔茨海姆大学位于德国汽车工业的核心地带，距离戴姆勒、保时捷和博世的总部所在地、德国著名的汽车城斯图加特仅有半小时车程。具有产业经验的师资队伍，以及与行业头部公司的密切合作，为这所大学的汽车设计专业发展奠定了基础。21 世纪以来，这所大学在汽车设计领域声名鹊起，成为欧洲最有影响力的汽车设计院校之一。专业突出的教学水平、良好的就业前景和相对低廉的学费也让这所学校成为海外留学生心目中最向往的学校之一（图 2-16、图 2-17）。

（一）包豪斯影响下的工艺教学（1870—1960 年代）

普福尔茨海姆大学是在普福尔茨海姆设计学院的基础上建立的，这所设计学院是欧洲最古老和著名的设计学院之一，有着 140 年的历史，其根源可以追溯到成立于 1877 年的公爵工艺学校（Ducal Academy of Arts and Crafts）。这所学校的成立最早是为了服务当地繁荣的珠宝行业。在 20 世纪初，这所学校的课程体系更接近于传统的"建筑制图师学校"，课程范围包括装饰形式理论和工艺品设计等。1911 年，学校新建了"青年风格"（Jugendstil）大楼，这栋建筑作为设计学院的教学楼沿用至今。这栋建筑配备了当时最先进的技术设备，为学生在材料和形式上的探索提供了便利。与许多其他欧洲院校一样，学院的课程在 1920 年代和 1930 年代扩展至专业教育领域，增加了图形艺术、商业艺术、装饰插画和书法等学科。在以包豪斯为中心的设计教育改革浪潮影响下，学校的教学理念也发生了变化。包豪斯的创始人沃尔特·格罗佩斯（Walter Gropius，1883—1969）希望将艺术与工艺结合起来，以解决工业革命所产生的问题。受到这种思想的影响，工艺教学成为学院教学的核心部分。经过学校董事弗里德里希·威廉·约赫姆（Friedrich Wilhelm Jochem）、安东·克林（Anton Kling）和奥托·豪普特（Otto Haupt）的持续努力，学院拥有了数量众多的工作坊。第二次世界大战初期，公爵工艺学校与金属工艺学校（Technical School

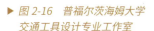

图 2-16 普福尔茨海姆大学交通工具设计专业工作室

for the Metal Processing Industry）合并。战后，在学生和教师的共同努力下，教学迅速恢复，到 1955 年，学生人数已经超过战前。课程逐渐增加，新的专业陆续成立，更多工艺实验室相继建成。设计课程同样开始涉及更多领域。

▲ 图 2-17 "Connector Concept"，普福尔茨海姆大学交通工具设计专业学生蒋松霖概念作品，2017 年

表 2-4 普福尔茨海姆大学交通工具设计专业本科和研究生课程内容

本科生课程内容	研究生课程内容
项目制课题（主要课题）	项目制外饰课题（概念设计流程+呈现技术）
CAD/CAS（计算机建模与图像生成和渲染）	项目制内饰课题（概念设计流程+色彩与面料）
普通模型制作和油泥模型制作	CAD外饰设计（形态分析+计算机建模）
表现技法（渲染、绘图、Photoshop渲染）	CAD内饰设计（材料仿真）
一般构造理论和汽车构造理论	虚拟呈现技术
人机工程学	新兴科技与人机工程学
空气动力学	设计管理
市场营销	论文
设计史和汽车设计史	
色彩与面料	

第二章　出行创新设计学科动向与范式

（二）与产业密切合作的实践型设计教育（1970 年代至今）

学院于 1971 年更名为普福尔茨海姆设计学院，提供珠宝和器物设计、平面设计、工业设计和时尚设计等课程。由于与汽车行业的密切合作，1984 年开始，学院将汽车设计列为课程重点，专业在尤廷格街（Eutinger Strasse）拥有了自己的大楼。普福尔茨海姆的汽车设计课程享有很高的声誉，被公认为世界上最好的汽车设计课程之一。课程内容全面且多样化，涵盖了广义的"交通"，包括公共交通、陆海空中旅行的移动出行系统、个人出行终端、现代科技领域的最新进展和前瞻的出行方式。课程通过与世界各地汽车企业搭建合作框架，完成了许多创新和有远见的设计项目，这也是该专业最大的特色。1992 年，普福尔茨海姆设计学院与商学院合并，再加上新成立的工程学院，建立了普福尔茨海姆大学，成为一所包含设计、工程、商业和法律的综合性大学。

普福尔茨海姆大学的设计课程非常强调学生毕业后在相关行业的就业能力。对汽车行业而言，大型设计中心的工作流程具有非常高的分工度，要求设计师具备很强的专业能力。学校力图通过课程结构和理论与实践教学的整合，充分满足这些需求。课程以项目制的工作为重点，提供跨学科领域的知识。首先，学生必须具备扎实的理论学术基础、车辆专业知识、高质量设计图纸的制作能力、项目规划和处理经验，以及在创意过程的启动、执行和完成中的创造能力。课程旨在帮助毕业生顺利地过渡到行

▶ 图 2-18 斯特拉特设计学院的教学环境

业中的设计团队,保证学生在工作中具有高生产力。此外,课程要求了解汽车行业的常见工作和沟通方法,鼓励学生在产业合作项目中多接触行业内的设计师和管理层。由于这些项目往往是与国外同类学校之间同步进行的,学生能够横向比较彼此的技能,评估自己的优势和劣势,从而为申请工作做好更充分的准备。为了达到这样的教学效果,课程与汽车行业保持着密切关系并定期合作。每个学期中,学生都会与一家大型汽车制造商合作开展至少一个项目。课程讲座由拥有相关行业经验或目前在相关行业工作的设计师讲授,并要求学生将获得的知识应用到个人和当前的车辆项目上。在第五学期,所有学生被强制要求完成一个学期的专业实践(表 2-4)。

此外,普福尔茨海姆大学设计学院还非常重视美术基础研究。培养学生的绘画、素描、雕塑以及静止和动态图像领域技能,并学习设计史、艺术分析、美学、符号学和社会学等知识,这些课程旨在磨练学生的感知能力。学院多年的经验表明,在这些实践和理论知识中获得的技能令学生们茁壮成长,并获得了职业发展中不可或缺的灵感。

三、法国斯特拉特设计学院的教育范式

斯特拉特设计学院(原名 Strate Collège,斯特拉特学院)是一所私立设计学院,成立于 1993 年。学院总部位于法国巴黎,在法国里昂、新加坡和印度班加罗尔设有分校。斯特拉特设计学院是法国最好的设计类院校之一,致力于产业设计、制造和设计思维的教学。与一般大学教育系统不同,斯特拉特设计学院是法国独立大学校联盟(Union des grandes école indépendantes)成员,依照法国高等教育系统中特有的大学校(Grande École,又译"法国高等专业学院""法国高等专门学校"等,与普通综合类大学体系共存)制度建立,强调教学的专业性与实践性。作为欧洲汽车设计教育届的后起之秀,斯特拉特设计学院与法国汽车产业深度融合,交通工具设计专业常年为法国及世界汽车产业输送人才,在法国及欧洲的汽车设计教育领域扮演着重要的角色(图 2-18、图 2-19)。

(一)学院的建立和人文主义教学理念(1993—2013 年)

1990—1992 年,西方世界爆发经济危机,有感于法国传统设计教育体系无法跟进最新的市场发展趋势,1993 年 6 月,法国设计师、法国高等工业设计学院

◀ 图 2-19 2019 年,中央美术学院设计学院出行创新设计方向师生参观斯特拉特设计学院的模型课程

（École supérieure de design industriel）前校长让·热内·塔洛普（Jean-René Talopp）建立了斯特拉特学院（Strate Collège）。这所学院以"设计是人类社会可持续发展的战略杠杆"为理念，教学体系深受人文主义思潮影响。法国大学教育体系强调专业性及实践性。斯特拉特学院与产业界，尤其是法国三大车企——标致、雪铁龙以及雷诺建立了紧密的合作关系，雪铁龙前内饰造型经理米歇尔·哈曼德（Michel Harmand）、艺术史专家阿莱特·巴雷-德斯庞德（Arlette Barré-Despond）、雷诺前设计总监安妮·阿森西奥（Anne Asensio）等行业专家构成了学院的早期教学团队。

（二）"后产业化"时代的教育转型（2013—2021年）

2013年，斯特拉特学院更名为斯特拉特设计学院，由计算机科学家、人工智能专家多米尼克·席安玛（Dominique Sciamma）担任校长。多米尼克在一次采访中说道："产业设计已死，'设计'长存！"（Industrial design is dead, long live 'design'）在这一时期，斯特拉特设计学院将自己定义为一所"后产业化"设计学院，在教学中更加强调设计作为一种思维方式而非技能的重要性，以"使世界更加简单、公平与美丽"（Making the world +simple +fair +beautiful）为校训，鼓励学生直面人类生存质量以及社会挑战等问题，以培养热爱人类思维、关注当代人及后代的需求、愿望和梦想的专业人士为教学目标。

（三）智能化浪潮下的未来教育（2021年至今）

2021年1月，PSA集团研发与人机交互总监萨兰·迪亚基特·卡巴（Saran Diakité Kaba）成为斯特拉特设计学院新一任校长，显示出学院对于智能化浪潮下的未来设计教育的反应与期望。目前，斯特拉特设计学院的教学体系为5年学制。在设计课程的前两年，学生们将接受人文、设计、管理和技术相结合的通识性教育，并在广泛实践和理论的基础上形成创新思维。第三年，学生将选择具体发展方向，并将在前六个月参加实习，以建立对于所选择方向的现实认知。第四年，学生在第一学期可做如下三种选择：国外交换、跨学校学科交换或行业实习，第一学期结束后学生将回到学校进行小组项目。第五年，学生将专心于论文与毕业设计，并在完成毕业设计及答辩后参加六个月的行业实习，以取得毕业资格（表2-5、图2-20、图2-21）。

▼ 图2-20 斯特拉特设计学院出行设计专业学生 Nikita Pavlov 概念作品

◀ 图 2-21 "Prepreg Carbon",斯特拉特设计学院出行设计专业学生 Trym Abrahamsen 概念作品

在本国教育体系的影响下,经过与产业的长期磨合,斯特拉特设计学院形成了非常独特的教学理念:①强调团队合作:作为未来创新发展的指挥者,学生必须学习管理复杂的协同工作,在学习过程中将进行大量的团队合作项目,在入学面试的过程中,面试官将提问学生在团队中的角色定位(领导、智囊或执行者);②强调跨专业合作:在斯特拉特设计学院的教学体系中,虽然并未完全打破专业界限,但大量的团队合作项目要求强制性的深度跨专业合作;③强调跨学科合作:学院认为设计师是创新的真正指挥者,必须知道如何与各个领域的专家对话,因此,学院要求学生在学习过程中与美国加州大学伯克利分校、埃塞克高等商学院、巴黎高等理工学院、法国国立高等矿业学院、格勒诺布尔高等商学院和巴黎政治学院等跨学科院校完成联合项目,项目将由不同背景学生组成小组共同完成,此外,在五年的学习过程中,跨学科交换是必选项目;④深度产学融合:学院认为一所好的设计院校必须与产业实际联系起来,设计师的作品永远不应脱离当前的生产模式,他们的所有创造都是为了以工业方式制造出来,学院与汽车产业界,尤其是法国车企——标致雪铁龙和雷诺深度合作,来自产业的专家是教学团队的重要组成部分。

受到法国教育传统的影响,斯特拉特设计学院对学生毕业论文的写作非常重视。学生们将花费约 9 个月时间在论文导师(来自合作院校的文学、新闻等专业的教师)的指导下完成毕业论文,论文要求严苛且不得从自身专业视角展开研究,在论文写作过程中完全不受本专业教师干涉。在毕业设计环节,强调学术独立性与公平性。与大多数其他设计院校不同,斯特拉特设计学院的毕业设计不允许企业赞助行为,学院将提供经费用于毕业设计模型、作品的制作,且作品的制作除非涉及特殊工艺,否则不得寻求外部帮助,须完全由学生自主完成,以排除经济因素干扰,保证评审的公平性。在毕业答辩中,评审团只有一名本校教师,其余均为跨行业及学科专家和教师,多维度对学生进行考量,进而保证学院能够为汽车产业和整个世界输出优秀设计师。

表 2-5　斯特拉特设计学院出行设计专业课表

一年级课程

物体的剖析	18学时
英语	36学时
色彩	36学时
艺术文化	36学时
设计	39学时
写作/设计文化	36学时
空间的视角	36学时
图形设计	36学时
现场模型	36学时
透视	108学时
创作理念	24学时
专业化	6学时
雕塑	48学时
素描	36学时
色彩理论	18学时
排版	24学时
设计研讨会	48学时

二年级课程

英语	36学时
创造性的主体	18学时
素描	36学时
为现实而设计	36学时
写作/设计文化	36学时
图形设计	36学时
视觉识别	25学时
初级包装设计	24学时
初级产品设计	24学时
初级零售设计	24学时
初级移动性设计	24学时
初级交互设计	24学时
开题研讨会	24学时
市场营销	24学时
材料和工艺	24学时
设计方法	18学时
数字排版	39学时
事物的美学	36学时
专业实践	8学时
人文科学	36学时
	36学时

三年级课程

英语	18学时
视觉识别风格与设计	51学时
创新与创造	18学时
写作	10学时
市场营销	18学时
高级色彩面料设计	12学时
高级外饰设计	12学时
高级人机界面设计	12学时
高级内饰设计	12学时
材料	12学时
长期汽车设计项目	36学时
个人项目与方法论	39学时
项目课程1	32学时
项目课程2	18学时
人文科学	12学时
外饰手绘/草图/色彩	24学时
内饰手绘/草图/色彩	24学时

四年级课程

汇报讨论	22学时
会议研讨	11学时
出行方向专业课	296学时
论文	16学时
毕业设计开题答疑	2学时
毕业设计开题	10学时

五年级课程

英语	26学时
沟通	13学时
专业实践	30学时
专业实践研讨会	36学时
合作项目	64学时
毕业论文	30学时
毕业设计	15学时

第四节
中国学科发展范式

(一)工艺美术时期(1950—1970年代)

新中国成立伊始,交通工具设计教育概念尚未形成,中国汽车设计教育还没有从艺术设计教育整体中分离,仍表现为汽车的工艺美术教育。近代化工艺美术思想的大幅发展,为日后汽车设计教育的正式建立奠定了基础。但由于当时汽车整体话语权集中于第一汽车制造厂,倾向于汽车产业,艺术教育因依附产业发展而过于聚焦工艺美术,教育也由此更偏向工艺美术教育的片面倾斜与浮夸表现。总的来说,在这一时期的教育领域,汽车设计以工艺美术的学科形式存在;在实践领域,汽车设计是汽车工业发展的辅助。这期间,发生了中国艺术设计教育界发展历程中的重要节点事件,即1956年新中国第一个独立的艺术设计教育单位——中央工艺美术学院诞生,工艺美术教育学科成立,中国艺术设计教育的整体进程得到推进与阶段性发展。在以工艺美术教育为主导的这段时期,学科培育的人才为新中国各个领域建设提供了重要支持,重点表现在汽车设计领域,形成了以工艺美术为中心的汽车设计思路。

1949—1965年,在汽车领域,我国汽车制造工业处于以第一汽车制造厂为核心的苏联技术引进期。在苏联援助下,我国全面引进苏联汽车的生产、技术、管理体制,复制苏联汽车企业及其配套体系,从而建成了第一汽车制造厂。自此,我国汽车发展开始紧密围绕一汽展开,汽车制造的工业技术支持得以解决,设计特色问题得到突出关注。如1958年第一款我国自主制造的小轿车——红旗CA72,以克莱斯勒高级轿车为蓝本,纯手工敲制。在红旗CA72的设计制造中,各种民族元素被简单地在汽车造型与装饰中拼贴、堆积,包括扇面、宫灯、官帽、中式龙凤等元素。前部的红旗图形是对中华民族最古老的两个图腾"龙""凤"的简化。翼子板一侧标有并排五面小红旗,代表工农商学兵。前脸采用扇形图案的格栅造型象征中国传统建筑中的如意和寿桃。扇面轮廓做成开口式样以塑造红旗轿车的脸谱特征。尾部采用宫灯造型的尾灯,方向盘中央采用向日葵造型,仪表上饰有天安门标志。工艺美术支撑起了我国第一款小轿车的装饰意图与彰显民族特色的诉求,机械设计和工艺美术在其中被高度杂糅。

在1964年第二款重点轿车红旗CA770的设计生产中,中央工艺美术学院建筑装饰系毕业的新中国著名汽车设计师贾延良先生主持了内外饰造型设计工作。贾延良先生的工艺美术基础能力与海外留学所得的现代化设计意识,使得红旗CA770成为汽车设计史中的典范。在红旗CA770的车身造型中,CA72车型中的生硬拼贴元素消失,设计理念更加注重结合了民族风格的整车造型设计。对线条曲面、比例运用、

▶ 图 2-22　红旗 CA770 是工艺美术时期的设计典范

图案纹样、色彩材质等方面做了设计处理，以充分体现"中国特色""庄重""和谐""大气"等特点。可以说，以红旗 CA770 为代表的汽车造型设计是当时工艺美术的典范，也是工艺美术教育思想的实践典范（图 2-22）。

工艺美术时期的发展在交通工具设计教育概念形成前的积极意义，也可以从徐振鹏先生 1958 年发表在《装饰》杂志上的《现代工艺的大跃进——谈汽车的设计》一文中看到。徐振鹏师从现中央美术学院黄怀英、焦自严、丁儒为这一代教师，1929 年毕业于国立北平大学艺术学院西画系，从事美术教育 50 余年，先后任教于北平师范学校、华北大学艺术系、北平师范大学工艺系、北平艺术专科学校图案系、中央美术学院实用美术系和中央工艺美术学院建筑装饰系等，是重要的工艺美术教育家。《现代工艺的大跃进——谈汽车的设计》一文中，他的观点与倡议对汽车设计教育思想发展具有划时代意义。他在文中写道："在汽车工业蓬勃发展的进程中，在已取得辉煌成就的基础上，进一步要求外部整体造型、内部布置、部件安排和装饰，色彩调和和多样化各方面不断地提高。在符合机械制造、车型总布置设计的条件下，表示机件性能和具有装饰作用的部分，如外部的车轮、门窗、水箱罩、车头饰物……内部的仪表盘的安排和装饰……"他认为汽车是工业品与艺术品结合的复杂品种，其设计需要科技和艺术的共同参与，若要提高设计质量，体现中国汽车的独特风格，就需要更多汽车工艺设计力量的参与，需要更多工艺美术家的投入。这体现的是典型的工艺美术教育时期的思想观点，可以视为这一时期划分与定性的材料佐证。此外，徐振鹏还在文章中对汽车设计教育的前景做出了预见与展望，他指出"中央工艺美术学院和清华大学在造型和美术设计方面已与长春第一汽车厂和北京第一附件厂进行协作"，工艺美术教育单位应尽早地培养这方面的人才，加强设计力量，"从而使汽车工业在造型美术设计的质量方面，能够更迅速地向前飞跃前进，在最短期间达到并超过国际水平"。这段文字除可见该时期对汽车工艺美术的强调外，也可品出时代之下依附于大跃进汽车工业的汽车造型局面。

然而，这一时期的汽车工艺美术教育倾向显然也是存在明显弊端的。当时，因受传统中国农业社会形态影响，工业社会的思想文化基础相对缺失，教育探索仍然被局限在近代化的形式延续路线中，艺术设计教育的话语权过于集中在工艺美术领域，造成了教育的片面发展。例如，在 1956—1966 年中央工艺美术学院发展的黄金十年中，便偏向了强调手工业与工艺的轨道。1959 年，中央工艺美术学院陈叔亮副院长曾撰文批评工艺美术设计在生产中的浮夸现象，但这一意见在时代的洪流中未被采纳，反被批判。

（二）西学东渐的工业设计时期（1980—2005 年）

直至 20 世纪 80—90 年代，在改革开放等积极政策的激发下，中国的艺术设计教育在过往的断裂与现境的催化中发生质变，开始了近代化教育向现代艺术设计教育的转型，开始了西学东渐的设计教育组建与探索，汽车设计教育正式启蒙。当时，中国汽车工业可以说是进入了全面发展时期，汽车产能、产量与品种不断增加，引进国外先进产品与工艺、测试设备、管理技术等，由此也促进了汽车科研和汽车设计教育等领域的革新发展。

20 世纪末期至 21 世纪初期的这一阶段，可以描述为西学东渐的工业设计时期，即汽车设计教育在中国的起步阶段。此时，国内汽车设计与汽车教育在延续工艺美术传统的基础上，开始吸纳西方既成设计方法与策略，构建现代化的汽车设计与人才培养体系。工艺美术的金属装饰传统与现代化的设计思路共同作用于汽车设计之上，两者呈双线交织样貌。整体来看，"中国艺术设计教育现代化在对传统教育影响和西方教育认知的双重"过滤"和"选择"中艰难地推进并呈现出自身的特点"。这一根植传统肌体而走向现代化进程的教育模式也被艺术设计教育史学者称为"具有承前启后、继往开来的根本属性和社会功用"，可见此阶段的历史地位与学科建设价值。

在汽车设计的工艺美术传统方面，自 20 世纪 70—80 年代，"日用品工艺化"和"工艺品实用化"等问题在政策上被提出，上一时期盛行的工艺浮夸之风被相对中和。在教育界，1983 年中央工艺美术学院增设工艺美术历史及理论系，1987 年国家教委颁布新的《普通高校社会科学本科目录》，将工艺美术学科划分为九种专业类型：服装艺术、染织艺术、陶瓷艺术、环境艺术、工业造型、漆器艺术、装饰艺术、装潢艺术、工艺美术历史及理论。各方调整标志着工艺美术土壤之上的设计理论研究开始逐渐完善化、规范化。早先因缺乏理论与思想基础而产生的单纯以艺术思想代替设计思想的错误道路被不断纠正，设计开始正视其与社会生产生活、经济科技水平等要素之间的关系。

另一方面，中国艺术设计教育的现代化进程也在这一时期开启。国内环境方面，改革开放和社会主义现代化建设为汽车设计教育创造了良好的发展条件。1978 年，党的十一届三中全会确立了社会主义现代化建设目标，教育现代化成为新时期中国社会发展的战略重点。邓小平在 1983 年提出的"教育要面向现代化，面向世界，面向未来"再次为中国艺术设计教育强调了现代化的发展方向。设计教育的现代化既包括教育服务于社会主义现代化建设，也涉及设计教育自身的制度、思想、内容与方法工具的现代化。

交通工具设计及其他现代艺术设计教育很大程度上建立在工业化发展的基础之上。随着汽车工业的发展，国内与之相匹配的设计学科开始萌芽、建立，可以说，交通工具设计学科初期的发展是一部依附、服务于汽车工业的历史，汽车工业的演变为汽车设计教育起步时期的优化提供了最直接且核心的助力。1979 年，中国汽车工业开始实行对外开放政策，寻求技术引进与合资经营，在改革经济管理体制、调整产业组织结构、产品结构和扩大对外开放等方面进行探索。

值得一提的是，1982 年成立的中国汽车工业公司，使命是做好汽车产业的调整、改组、改革，工作任务涉及"结束单纯用行政办法管理企业的历史，而用经济办法和科学技术管理企业""改革不利于产品发展的机制，结束汽车产品几十年一贯制，掌握现代化设计、制造、研究方法，搞好老产品换型，并围绕这一目标进行技术改造，不断提高产品水平"等。这些思路的调整使汽车研发与生产获得了一定程度的设计自主权，市场需求加入汽车研发思路，产品开发与设计过程更为灵活。由此，各地开始涌现出一批作为市场经济产物的新车型，例如曾经名噪一时的北京牌旅行车。1980年北京市汽车货厢厂根据市场需求改进推出 632 型旅行车，一度销售火爆。清华大学汽车试验室于同年为 632A 型旅行车进行性能试验和 2.5 万 km 可靠性试验，优良设计使其被评为北京名牌产品。中汽公司在改革传统的经济管理体制方面做出了许多有益的探索，1983 年 4 月，国家计委、经委做出汽车生产企业有一定比例产品自销权的决定。

另外，中汽公司的改革任务中也强调了汽车产品结构的改良，即"结束汽车工业缺重少轻的历史，调整汽车产品构成比例，积极发展专用汽车"，使得汽车产品得到多样化发展，开拓了多类型汽车设计的土壤。而后，中汽公司也提出发展轿车生产，"改变以油耗高的吉普车作轿车使用的现状"，这为世纪之交的中国轿车文明发展奠定了思想上的基础。1985 年，自 20 世纪 60 年代便生产轿车的上海汽车制造厂与德国大众公司合资，迅速成为中国产量最大的轿车生产基地。整体而言，在 20 世纪 80 年代发生于汽车工业内部的"经营权下放企业""汽车产品结构调整"等一系列方针的调整优化，直接辅助了汽车市场的迅速发展，改革开放引发的合资模式大幅改变了正在运转的传统汽车工业模式，以轿车为主要对象的汽车设计开始焕发生机。当时依托汽车工业前行的汽车设计乃至汽车设计教育获得了起步阶段的基础条件。

然而，这一阶段汽车相关专业教育的发展主要集中在汽车工程人才的培养上。1980 年，清华大学、湖北汽车工业学院等院校提出以培养汽车设计与试验高级人才为目标，积极吸收汽车企业从业者为学院教授。同时，各院校也向国外派遣访问学者与留学生，加强国际交流。清华大学汽车工程系与英国大学内燃机学科组等签订合作协议，吉林工业大学（现吉林大学）与美国明尼苏达大学、日本京都大学、东京大学等高校建立校际关系。诸如此类，在汽车工业教育领域也进行了西学东渐的尝试与探索。

这一时期的交通工具设计教育，被普遍囊括至工业设计领域之内，工业设计概念在国内的普及是这一时期的发展关键。柳冠中、张福昌等设计先驱自国外引入先进概念与现代设计方法，推动了以工业设计为中心的设计整体观念的质变。1974 年，中央工艺美术学院应政府部门要求，与汽车制造界工程师合作改良国有汽车的外观造型设计，由此产生工业美术的概念；1987 年中国工业设计协会成立；20 世纪 80 年代，中央工艺美术学院、无锡轻工业学院、湖南大学、广州美术学院和北京理工大学纷纷成立工业设计系。由此，汽车设计教育在工业设计概念席卷的浪潮中开始正式引入学习西方的工业设计技法，政府部门同样派遣留学生赴欧美日学习现代艺术设计，汽车艺术设计教育领域的西学东渐之路全面打通。学者陈瑞林曾评："工业设计教育的起步和发展使中国的艺术设计教育最终脱出了工艺美术和实用美术教育，步入现代化的艺术设计教育。工业设计教育的崛起是中国艺术设计教育走向现代、走向世界的重要标志。"

随着时间的推移，新的技术、新的社会生态、新的经济增长、新的民众需求催生了新的产业环境，催化出专门的艺术设计背景的汽车设计类学科、专业。2001 年，前身为中央工艺美术学院的清华大学美术学院开设成立了中国最早的交通工具造型设计专业，并与国外资深汽车设计部门展开合作。交通工具造型设计专业旨在培养能够胜任交通工具概念设计、汽车外形与内室造型设计的高级职业人才。通过以汽车设计为代表的交通工具造型设计专业化课程，以及与清华大学汽车工程系及国内外汽车企业合作开展的专业实习课程，使学生熟悉实际工作中所需要的知识、技能与技术细节，为国内外一流汽车企业提供优秀的设计人才。

▲ 图 2-23 "Audi Nano Concept",中央美术学院设计学院出行创新方向学生那嘉概念作品,2012 年

（三）中国教育范式标准的全球化趋势（2006 年至今）

在汽车设计教育转型中,国家战略与市场表现这两大因素相辅相成。例如,"智能汽车"政策是该转型中的一项关键内容。21 世纪以来,我国汽车产业的发展态势迅猛。自 2009 年至今,我国汽车销量一直居全球之首。这一背景下的产业技术处于稳固的长足发展之中,为自动驾驶汽车和网联汽车等概念提供了发展余地。汽车产业内自主萌发了智能化趋势。与此同时,国家政策适时地给予了智能化发展的后续推动力。2020 年 2 月,国家发改委等十一部委共同印发了《智能汽车创新发展战略》,这是汽车产业高质量发展的一大助力。由此,学科教育也开始相应地加入新议题。

2006 年,中央美术学院经过国际调研后,决定建立汽车设计专业。这一决定背后有两条支撑线索：从全球化的学术角度看,国际上重要的美术学院和艺术设计学院都设有汽车设计专业,以汽车设计为平台建立了与产业的良性互动,拓宽了美术学院的学科宽度和学术高度,开设汽车设计专业符合中央美术学院建设世界一流美术学院的定位；从国家的产业角度看,我国汽车工业当时正处在高速发展的起步期,需要来自学界的教育、研究资源支持,中央美术学院历来有"为国家而艺术"的传统,当时提出了"设计为人民服务"的口号,因此建设为国家支柱产业服务的汽车设计专业也是历史赋予的使命。"汽车设计"可以最直接地表达该专业设立的初衷与目标：聚焦于对接汽车产业的产品趋势、造型和前瞻产品系统设计研究,在专业建设中以欧美主要院校的课程体系为标杆（参考了美国艺术中心设计学院、创意设计学院、德国普福尔茨海姆大学、英国皇家艺术学院四所院校）,开展了初步的教学尝试。2006 年年底,为了建设科学的教学体系、拓展国际化办学和进行有效的产学联动,学院举办了"新的挑战——CAFA 2006 国际交通工具设计教育论坛",就汽车设计及其教学展开了

▲ 图 2-24　2017 年，中央美术学院设计学院出行创新方向参与举办 CDN "设计师之夜"活动

广泛讨论，论坛提出："中国这个蓬勃发展的新兴消费市场对汽车的需求爆发出惊人的热情与持久的消费潜力。在未来的数十年间，我们可以相信中国必将成为下一个主导汽车发展（制造与消费）的超级区域。汽车需求在高度膨胀的同时，也对汽车设计产业提出了全新的需求，我们怎样创造一个创新型汽车设计人才培养的新的教育平台与模块系统，以满足中国汽车产业对自主设计创新的特殊需求。汽车设计，这个拥有上百年历史的高度发达与繁荣的产业，需要中国设计的丰富。产业可持续发展的基础是发展自主品牌，自主品牌的突围需有创新设计的强力支撑，依赖原创型产品的自主设计开发，源自创新型人才的自主培养与储备。值北京 2006 国际车展在即的契机，为进一步加强与国内外汽车设计界的交流，促进汽车设计产业与教育界的发展与合作，提升设计教育基础研究与设计实践水平，中央美术学院设计学院携手美国底特律创意设计学院、英国皇家艺术学院以及 CCTV 中文国际频道、新浪网汽车频道、设计在线等媒体在北京共同主办'CAFA 2006 国际交通工具设计论坛'，来自世界先进国家的主流汽车设计师与我国的汽车设计专家们，将聚会中央美术学院共同探讨这些针对中国市场的新设计需求和当下中国汽车设计产业的焦点问题。"从中可以看出在"汽车设计"阶段中央美术学院的教学内容与主张。

2009 年，为应对国际金融危机，确保经济平稳较快增长，我国出台了一系列促进汽车消费的政策，有效刺激了国内汽车消费市场，汽车产销量呈高增长态势，我国首次成为世界汽车产销第一大国。在这样的背景下，中央美术学院通过师资引进、国际合作等方式逐步完善了汽车设计教学体系，形成了与当时国际主流汽车设计教育同步的课程体系，即通过本科三年（中央美术学院设计学院本科一年级学生统一在基础部接受设计基础教育）的教育，培养学生掌握关于汽车设计的基本技能、技术、流程和方法，在毕业时具备与产业对接的能力，同时开启了与产业的初步教学合作（图2-23）。

出行创新设计专业致力于建构开放型的教学平台，以融合社会、科技、商业、伦理要素的教学动机，形成产学研结合的研究型课题课程群，辅助基础技能课程群、新型技术课程群和沉浸体验课程群，形成进阶式的教学路径。以开放方式组织师资构成，来自学院、产业一线的设计师及创新人员、国际教授同时为学生授课，形成可实践的创新目的教学活动。研究型课题以未来智能移动方式为切入点，引导学生在大量背景研究的基础上，突破传统设计思维方式的约束，前瞻性地研究智能技术给能源、金融、制造等产业带来的影响，同时综合分析城市形态、道路交通系统、公共空间、生活形态、消费方式和物流系统等在新技术影响下可能产生的变化，分析新技术为社会与环境带来的机遇与挑战，提出未来移动场景的解决方案。学生以逻辑化的方式解决人类社会发展过程中所面临的真实问题，以智慧城市为平台，以交通工具终端或系统为具体研究对象，构建学生完整的显性知识及隐性知识系统，应对设计方法在新时期的变化与趋势。

出行创新设计专业注重以产业作为学科发展的基础，先后与国家发改委等部委，以及奥迪、中国一汽、大众、日产、现代、宝马、上汽、广汽、北汽、理想智造、滴滴出行、韩国首尔设计基金会等企业和机构进行过深度的产学研合作，取得了良好的社会效益和学术影响力（图2-24）。近年来，专业联合北京大学成立了人工智能与设计创新实验室（AI joined Design Innovation Lab）；联合滴滴出行与理想智造成立了智能移动创新实验室（Intelligent Mobility Lab）；联合华晨宝马成立了未来移动设计实验室（Concept Next Lab），形成了以"出行"为原点，以"实践型创新"为目的的立体教学研究体系。目前，出行创新（交通工具）设计专业与全球十余所院校建立了伙伴关系，开展资源共享、信息分享和教师学生交换项目。

目前，专业50%以上的毕业生分布于保时捷、奥迪、大众、日产、PSA、GM、现代、上汽、广汽和北汽等企业的海内外设计研发中心；约有20%的毕业生独立创办了创新性的企业或机构，或参与影视娱乐产业的研发工作；其他毕业生则进行着海外学习与研修。英国 CAR DESIGN NEWS 网站连续三年将"年度最佳院校"的称号授予中央美术学院设计学院出行创新（交通工具）设计专业，以表彰其教学成就（图2-25、图2-26）。

◀ 图2-25 2017年，中央美术学院设计学院出行创新（交通工具）设计专业获得 CAR DESIGN NEWS 授予的"年度最佳院校"称号

图 2-26 中央美术学院设计学院出行创新设计工作室

第三章
出行创新设计课程体系

第一节　本科 1 年级课程 / 专业认知课程群

第二节　本科 2 年级课程 / 专业基础课程群

第三节　本科 3 年级课程 / 研究型课题课程群

第四节　本科 4 年级课程 / 毕业设计

图／陈家明

人类社会的教育学科发展过程中，"教"与"学"的关系存在着明显的单向流动趋势："教"者在上，"学"者在下，下承上流，进行知识的传递。单向流动模式可以建立起"中心化"的教育体系，以大系统推进学科的发展和社会的进阶，这种模式对于建立在产业分工基础上的"术科"专业的发展，长期以来产生着重要的推动作用。对现代设计教育而言，单向流动模式曾经完成了重要的学科基础奠定作用，将工艺美术（实用艺术）在19世纪末、20世纪初与现代设计进行了完美连接，产生了包豪斯一类的设计教育典范，并促进了设计产业和设计教育在20世纪的蓬勃发展。当设计教育在21世纪邂逅信息技术构建的"去中心化"时代之时，单向流动模式遇到了前所未有的挑战，如何应对新的挑战、构建新的设计教育模式，是时代的问题与课题，解题之道的重心要研究"人"，也就是需要从"教"者和"学"者两方着手审视设计教育，从中不难发现的规律是：设计教育从业者在制订教学目标和方法体系的时候，善于从自己的本位角度出发，去考虑社会发展、思想变迁、技术进步等诸多宏观要素的变量对于教育的影响，也考虑了教师群体构成的变量影响，却在无意中忽略了教育最终接受者——学生群体的发展与变化，少有转换到学生的角度来评价所建构的教学体系。上述现象产生的原因在于"单向流动"的惯性，教师始终坚定地认为自己是高等教育的导向者和给予者，甚至连学生也认为教师是教育活动中主宰一切的"上帝"，因此基于学生群体的变量来构建教育体系就显得稀少却重要了。

学生作为"被"教育的对象群体，其个体特性和群体构成方式以极快的速度在当下进行着变化，最终形成的变量集合，需要恰当的观念体系作为教育工具进行匹配，否则，必然出现教育方向的偏移，作用于教学活动中就是执行逻辑的混乱，体现在课程体系上就是落后保守。

上述现象在国内高等设计教育体系中尤为明显。这与我们长期所处的社会结构方式不无关系。目前的共识是，高等教育在当下的功能不应只是提供技能教育和知识普及，而应进行启蒙与创造，让学生个体建立起独立的、社会性的、逻辑性的思辨体系，是公认的设计教育培养目标。如同哈佛大学校长所言："我们的学生带着知识离开哈佛将是这所学校的悲哀。"在教学过程中，塑造学生个体带有差异化的学术性格远远重要于塑造群体的共性学术性格。认知学生群体的变量现状，转换到学生视角去研究学生群体、研究学生在不同时空语境下的差异，决定着设计教育体系的成败，也是构建全新设计教育体系的开端。

在设计教育领域，由于新兴科技触发的信息存储与交换方式、认知方式、工作方法和商业模式的变化，人类的认知观念、概念定义和价值观念正在被重塑，新观念正在逐步成型，但尚未形成完整的理论体系。不过可以明确的一点是，新的观念必然与人类社会之前经历的不同产业革命阶段所产生的对"设计"的定义和理论完全不同。同样，这些新观念也会导致设计学科内在领域划分的模糊，触发所谓"全域型"设计师培养目标的提出；这些新观念还会导致设计学科外部边缘的溶解："创新"行为与"设计"行为愈加难以区别。

如果以"信息科技"的兴起和普及作为分界线,"设计"体系在分界线之前可以总结为根植于人文体系来为产业服务,或者我们可以更直接地将"艺术"与"设计"并列,从威廉莫里斯的"工艺美术运动"到格罗皮乌斯的包豪斯,从乌尔姆设计学院到黑山学院,艺术和艺术观念如同幽灵一样缠绕着设计,影响着设计学科的走向。在分界线之后的时期,"设计"与"艺术"的距离开始产生,有点渐行渐远的意味,原因无外乎人类借助新兴信息科技获得了崭新的工作方法,这些方法干脆彻底地消除了"设计"曾经必须用"艺术"因子建立起的技术门槛,"设计"与其他无数人类在新兴技术时代所产生的全新行为方式一道,成了人人可以参与的、带有强烈社会性质的创新活动。在英国 QS 大学排行榜上,近年来 MIT 的 MEDIA LAB 排名快速爬升至第二位,而 MEDIA LAB 的组织方式、工作方法和内容,与类同的"艺术设计"方向比较,几乎是完全不同的逻辑系统。

中国是全球范围内对新设计理念反应最快的区域,这体现在高等设计教育领域就是新型设计学科的设立、教学模式与内容的革新、师资构成的多元化等方面。伴随巨大社会语境的变革和物质充裕、新兴科技迭代,接受设计教育的学生群体拥有了更加宽广的信息获取和交换方式,新兴科技的应用方式则产生了新型的工作方法并提供给学生群体使用,新的语境催生出的新型价值认同和伦理原则为学生群体建设了全新的实验场。

在第一章中提到,我们可以从新兴科技包含的互联网技术迭代、制造技术发展和信息存储交换载体进化三个层面,将社会发展按时间顺序划分成"生产的设计""设计的设计""界面的设计""计算的设计"四个语境。目前的学生群体的变量被定位在第三语境向第四语境的过渡位置。新兴科技使该人群与生俱来的拥有不同于第一、二语境下的思维方式,如何创造社会性的"界面"是他们的基本意识;第一、二语境下基于产业平台的设计思维也一直延展至该过渡位置,成为沉降于设计概念底层的支撑内容;尚未成型的"后新兴科技"也不断渗透至第三语境之中,使学生群体要大量地面对待定义的信息,信息所呈现出的碎片化状态,以及由于第四语境的未成型而产生的逻辑欠缺,会让学生群体形成对于第四语境热烈拥抱却又产生大量误读的有趣现象,其中的某些"误读"内容产生了"试错"效应,具有标本价值,另一些"误读"则形成了对于教学系统的副作用。

中央美术学院设计学院出行创新设计教学的发展,是为了应对学生群体的新变量做出的积极反应。出行创新设计专业的学生群体,由于汽车产业的庞大体量和高度专业化结构,对专业方向内的学习强烈地依赖第一、二语境内容,也就是强调以汽车造型设计为核心的知识集群。与此同时,学生群体对于第三语境中的"界面"创造有着高度的认同感,却缺乏方法来构建学习体系。更值得注意的是,时效性和在地性会经常将第四语境中碎片化的内容带入学生群体正在思考的第三语境之中,造成他们学习、实践和研究内容的虚化倾向。针对这些变量,出行创新设计的教学在过去十余年中只做了一件事情:为学生探寻和构建合理的学习路径。

平衡学生群体的变量与不同语境之间的关系,是决定出行创新设计教育范式、方法和建构课程体系的重要标准,这种平衡不是一成不变的静态模式,它需要确定不同语境内容的占比,需要根据语境的变化程度以动态的方式调整知识配比和教学组织逻辑。这是新兴科技背景下,出行创新设计教育的根本原则,也决定了出行创新设计教学内容和定义的升级。自专业建立以来,以全球领先院校的交通工具及出行创新领域的教育范式为模板,中央美术学院出行创新专业逐渐建立了课程体系,并摸索出以中国这一出行创新实验场为基础的全新教学方式。课程组合以未来出行方式为切入点,引导学生以跨域基础研究和设计技术技能为支撑,突破传统产业设计思维方式的定式约束，跨域整合，发现问题，以未来出行方式的"新物种"和"场景流"作为载体，输出多元化的解决方案，形成进阶的课程体系。

目前，中央美术学院出行创新设计方向课程框架主要分为如下部分（表3-1）：以专业认知为目的的本科1年级课程群，包括"通识基础：出行创新""设计方法：数字设计方法基础""导师工作坊课程"；以专业基础为目的的本科2年级课程群，包括"交通工具设计基础""交通工具数字设计媒介""智能出行设计概论""交通工具设计方法与流程""无人驾驶（技术）概论""交通工具设计材料基础""出行简史"；以研究型课题为核心的本科3年级课程群，包括"待定义的未来——智能出行设计研究""移动型人工智能设计研究""智能出行场景设计研究"；以毕业设计为核心的本科4年级课程群，包括小组毕业设计和个人毕业设计。

表3-1 中央美术学院设计学院出行创新设计方向课程框架

本科1年级课程

专业认知课程群

- 通识基础：出行创新
- 设计方法：数字设计方法基础
- 导师工作坊课程

本科2年级课程

专业基础课程群

- 交通工具设计基础
- 交通工具数字设计媒介
- 智能出行设计概论
- 交通工具设计方法与流程
- 无人驾驶（技术）概论
- 交通工具设计材料基础
- 出行简史

本科3年级课程

研究型课题课程群

- 待定义的未来——智能出行设计研究
- 移动型人工智能设计研究
- 智能出行场景设计研究

本科4年级课程

毕业设计

- 小组毕业设计
- 个人毕业设计

第一节
本科 1 年级课程 /
专业认知课程群

出行创新设计专业课程 1 年级课程群主要为认知课程群。其中,"通识基础：出行创新"课程面向刚刚进入大学的全体新生，目的是在全体学生中普及出行创新设计的概念，使他们对专业形成一定基本认识；"设计方法：数字设计方法基础"课程面向一定程度上缩小了专业选择范围的学生，特别是将目标拟定在出行创新设计、产品设计等涉及三维空间中实物产品设计制造的学科，目的是在相关学科的技术层面上打下一定基础；"导师工作坊课程"面向基本确定以出行创新设计为未来专业方向的学生，目的是使学生熟悉和了解专业的基础知识和基本工作流程。

一、通识基础：出行创新

课程简介
本课程置于多元化的社会背景下，从特定方向出发，提供通行于不同领域、学科、人群之间的知识和价值观。课程从对出行创新设计领域的阐述开始，通过对设计案例的呈现，概述设计思维在不同时期社会语境中所承担的角色与功能。旨在拓展参与者的视野，增加知识的广度与深度，培养参与者独立思考以及将不同领域知识融会贯通的能力。

课程内容
本课程旨在帮助学生在碎片化的信息时代建立自己独特的收集、整理、梳理、呈现信息的方法体系，从而建立个人价值观、审美方法和逻辑体系。课程分为"未来""过去""现在"三个单元，根据单元内容，由外请教师和专业教师共同组成教学团队。"过去"部分邀请汽车收藏家对自 19 世纪末以来的汽车发展历史进行梳理和回顾，"现在"部分邀请汽车设计从业者介绍当代汽车设计的源流，而"未来"部分则要求学生们将自己置于不同时空中，立足不同的科技背景描绘科技发展的蓝图。

二、设计方法：数字设计方法基础

课程简介

基于新兴技术社会的发展，数字设计方法逐渐成为创新设计的重要手段。随着"中国制造 2025""工业 4.0"等概念的提出和产业政策的推进，数字设计除了在传统设计领域内发挥作用，更代表了一种新兴的生产系统方法，有助于产业的协调精益与智能制造的实现。三维数字化设计制造能力已经成为我国产业竞争能力的核心。

本课程一方面训练学生对于基本数字设计方法的掌握，包含但不限于建模、工程设计、渲染、虚拟现实与虚拟引擎等技术应用；另一方面训练学生以数字设计为方法，链接设计、智能制造和生产方式，完成为创新设计而进行的方法储备。

课程内容

本课程的具体内容包括：①数字设计与出行创新：从出行创新设计方向出发，叙述出行创新设计方法与流程的历史演变与数字化进程，结合具体案例详细介绍数字设计方法于产业中的深度融合与应用，揭示设计方法与技术进步间的相互作用与关系；②数字设计方法综述：从具体数字设计方法出发，详细介绍各种类数字设计工具的演变过程，以及数字设计工具如何推动设计方法与流程的进步与发展；③数字设计原理与工具应用（Alias）：从具体数字设计工具 Autodesk Alias 展开，详细介绍 Alias 的工作原理，并结合实例详解 Alias 建模及参数化工具的使用方法；④数字设计原理与工具应用（Blender）：从具体数字设计工具 Blender 展开，详细介绍 Blender 的工作原理，并结合实例详解 Blender 使用方法；⑤数字设计与人工智能：主要介绍数字设计工具与方法的未来发展趋势，并邀请人工智能领域专家详细介绍人工智能工具之于设计领域的结合方法与可能性。

三、导师工作坊课程

课程简介

本课程聚焦以逻辑化的方法解决出行系统中的新型问题，即以在地城市为载体、以出行终端或系统为研究对象，通过完整的显、隐性知识系统，应对出行创新设计方法在新兴技术社会语境中的变化与趋势。在清洁能源、共享经济、物联网、去中心化计算与人工智能高速发展的背景下，出行方式正在发生颠覆性变革，研究方向以未来智能出行方式为抓手，在社会调研的基础上综合分析城市形态、交通系统、公共空间、生活形态、消费方式、物流系统等在新兴技术影响下的发展趋势，分析新兴技术为社会与环境发展带来的机遇与挑战，探索未来出行方式的全新解决方案、设计方法和理论体系（图 3-1）。

课程内容

本课程提供 2 个议题（移动终端与算力中心、材料革命与革命材料）给学生进行课程语境构建；进而提供 12 个话题（全面体验、分布式企业、品牌解构主义、模糊界别、虚拟原生、数字安全、常态试错、虚实融生、多感官服务设计、服务即设计、虚实联动、经验重组）作为标本让学生展开研究；通过课程完成 1 个报告制作（或者方案设计、论文写作）。

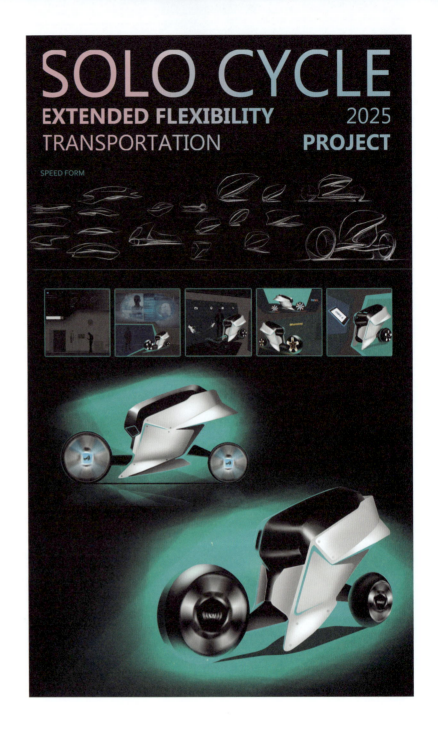

图3-1 "导师工作坊课程",个人出行终端设计解决方案,王舒同、赵子一、傅怡枝、张芮馨、孙俊、刘子莘作品,2015年

第二节
本科 2 年级课程 / 专业基础课程群

出行创新设计专业课程 2 年级课程群主要为专业基础课程群。2 年级课程群由六门四周课程组成，分布在两个学期。课程群内容分为两部分：一部分课程主要帮助学生掌握独立完成基本设计流程的能力，能够熟练运用基本的设计技术和比较前沿的设计手法，并能对设计方法做出一定创新；另一部分课程主要对场景流、智能出行、人工智能介入设计等专业研究领域进行初步介绍，并带领学生在这些领域进行一定探索。所有课程都以项目制进行，学生们在完成一个个不同主题的设计项目的同时，重复进行全流程的设计实践，从而以螺旋上升的方式逐步提高设计能力。

一、交通工具设计基础

课程简介

课程要求学生掌握多元化的交通工具设计基础语言，包括但不限于手绘草图技术、

▼ 图 3-2 "交通工具设计基础"课程中，金成龙、王选政、冯东升等教师带领学生进行手绘草图环节教学

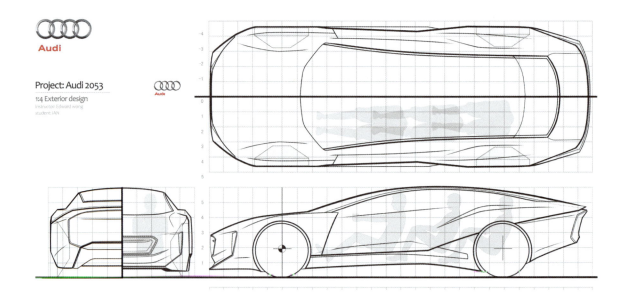

▲ 图 3-3 学生在"交通工具设计基础"课程中完成胶带图环节的制作，徐逸雄作品，CAFA ×AUDI 产学研合作课题，2011 年

二维渲染技术、平面胶带图技术、数字模型和三维可视化技术、油泥模型技术、3D 扫描与点云转换数字模型技术、3D 打印（及 CNC 成型）技术等内容。

课程内容

本课程来自于对成熟的研发流程中的各项技术的细化拆分，构成了交通工具设计教育专业方向的学科技术基础。拆分过程中，将产业中的研发流程与体系保留，仅拆解影响因素，形成不同层级的技术基础教学任务。这样既能保持学生对于技术基础逐步深入地理解、掌握、运用，又能够在不破坏学生对于体系流程理解的前提下，逐步引入高阶的具有相同技术研发流程的课题项目。基础化和细化的设计流程让学生能够通过系统的技术学习，将各自对于设计的理解逐步清晰地用体系中的各项技术表达出来。在此过程中，同时训练学生的基础工业造型能力、审美与表达能力、对于造型细节的敏锐度与把控能力等深化的相关技术基础能力。

手绘草图和二维渲染的水平决定了学生能否顺利向他人传递自己的想法。在出行创新设计教育中，这些美术能力对学生来说，就像数学之于工程师——虽然不是决定性因素，却是日常必不可少的工具。交通工具设计基础课程中的手绘草图训练要求学生使用铅笔、圆珠笔、普通绘图纸等简单工具完成设计初始阶段的设计雏形表达，具备表达概念、解释说明、表达结构、表达设计的能力，能够通过草图即时记录思考过程、即时沟通、推动思考过程（图 3-2）。在二维渲染技术阶段，大部分情况下不再使用传统的喷枪、色粉笔、马克笔等工具，主要依赖个人计算机、平板电脑、数位板、数位屏等设备和外接硬件设备，通过 Photoshop、Sketchbook 等图像处理、绘图软件将设计创意草图进一步完善。这里强调设计中造型、色彩、细节以及不同材料质感信息的准确、快速表达，而非作品的整体视觉冲击力。

平面胶带图和油泥模型以及数字模型的制作，是为了训练学生在物理世界以及数字媒介中完成从二维到三维转换的能力（图 3-3）。由于胶带图是影响最终汽车总布置图的初始布置图，因此也称布置图设计。在布置图设计阶段，学生第一次将设计图进行明确的尺寸化，并引入同等尺度人机、空间需求、机械布置等较明确的干涉因素，如何处理好这些复杂因素之间的关系，将决定项目能否顺利进入下一阶段的设计，并保持内外饰概念造型与处理好空间布置需求的博弈与取舍。一般情况下，平面胶带图

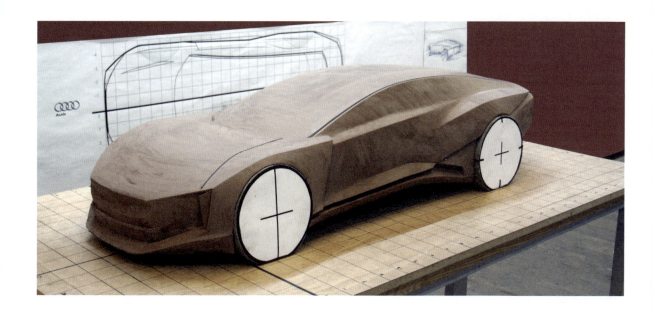

▲ 图 3-4 学生在"交通工具设计基础"课程中完成的油泥模型，徐逸雄作品，CAFA×AUDI 产学研合作课题，2011 年

的绘制尺寸与所制作的油泥模型保持一致，因此绘制胶带图需要相应尺寸的移动展板作为载体。其次是带有比例尺寸网格的底图，绘图工具为不同宽度的具有延展性的多色专用胶带。此阶段胶带即画笔，学生用不同宽度与颜色胶带的形式表现设计方案四个视角造型的棱线、轮廓线、高光线、截面线特征，甚至分缝线与其他细节。在油泥模型制作阶段，学生将学习这一传统汽车内外饰造型设计中必不可少的车身造型表现方法。学生将学习油泥的材料特性，各种油泥工具的使用方法，以及完整油泥模型的制作方法。可以纯手工完成油泥模型的制作，也可以依赖 CNC 技术的辅助更高效地完成模型（图 3-4）。

数字模型技术即使用计算机三维建模软件，将从设计方案草图、布置图、油泥模型中采集的数据所表达的形体，构造成可用于设计和后续处理工作所需的三维数字模型。数字模型阶段是整个设计流程中的数据枢纽，它既可以对三维可视化、油泥模型加工、硬质模型制作、工程结构处理进行数据交付，又可以以三维视觉效果的形式对上游工作进行评审结果反馈。

三维扫描以及 3D 打印/CNC 成型技术课程的目的是帮助学生掌握在虚拟数据和三维实体间进行转换的能力。在三维扫描阶段，学生将学习相关软硬件的使用方法，对前导步骤完成的油泥模型进行数据采集，将精确的点云数据导入 Alias AutoStudio 等相关曲面建模软件进行 NURBS 曲面的三维重建，完成对实体油泥模型与虚拟数据模型的双向验证比对。同时，3D 打印和 CNC 成型技术则帮助学生将虚拟数据转化为实体。学生以数字模型文件为基础，通过 3D 打印或数控铣削的方式来快速构造物体，也可将复杂造型一体成型，完成设计流程中实体验证模型的制作（图 3-5）。

在技术基础阶段的教学中，最终要达成的目标是在经过至少两轮的技术体系学习后，有能力在接下来的引入更多因素的复杂课题中，将技术体系中的部分技术环节以新兴技术作为代替，而不影响最终的成果输出。例如以三维胶带图代替纸面胶带图，形成更为直观的三维造型元素表达；以虚拟现实技术代替前期烦琐的多轮油泥模型修正，节省人力物力，提高研发效率。在强调技术基础学习的过程中，同时鼓励积极探索创新的方法与新兴的技术。

▲ 图 3-5 学生在"交通工具设计基础"课程中，在数控机床中完成泡沫模型的铣削加工，杨诚作品，2021 年

二、交通工具数字设计媒介

课程简介

数字设计媒介是当前时代最重要的设计工具之一，也是设计传播的主要平台。在个人计算机普及前，设计师只能用物理方式进行设计表达和设计沟通，方式包括基于图纸的设计表达、胶带图、物理模型等。进入计算机时代后，CAD 极大地改变了设计流程，提高了设计效率。这门课程的核心内容是帮助学生掌握数字化设计技术，并能高效地利用数字媒介进行概念表达和传播。通过数字化手段，可以更好地对设计的内外饰造型、人机工程学、使用场景等进行可视化验证，从而实现设计效率的提升和设计成本的降低。数字设计技术教学除了让学生掌握必要的软件操作知识外，更重要的是让学生将技能内化为思维方式，从而完成由"显性知识"到"隐性知识"的转化（图 3-6、图 3-7）。

课程内容

课程要求学生掌握以 CAD 数字辅助设计（Alias Subdivision 和 Blender 等）和数字引擎技术（UE4 等）为代表的交通工具数字设计媒介，以上述媒介进行数字化呈现和方法建立。同时引导学生以数字化设计媒介建立起技术诱导型设计思维逻辑。

课程要求学生掌握以数字曲面设计、数字渲染技术和数字引擎技术为代表的出行创新数字设计方法，并以相应媒介支持课题研究成果的深化与发布；同时要求学生在掌握总布置设计所形成的不同产品线规律的基础上，对交通工具属性的可移动空间化趋势进行思考，形成解决方案。此外，新兴技术推动下的设计技术也是这门课程的教学内容。在新兴技术发展成熟以及时代背景的变迁下，汽车设计方法发生了重大变革。设计师可以在设计的交流、建模、展示等多场景中成熟地运用 VR 技术获得较高的行为效率，现代的设计流程接近全程数字化，虚拟现实技术的基本实现方式是计算机模拟环境，从而给人以环境沉浸感，而虚拟技术和创作工具通过将设计师重新置于中心位置，实现更快、更具表现力和协作性的概念设计过程。虚拟草图技术使得设计师及项目相关人员能够在设计初期更直观地把握体量和总布置设计，从而优化工作流程。部分渲染软件平台上对虚拟评审提供了支持，使得设计师能够沉浸式地观看不同造型设计、颜色和材质的真实呈现效果，从而进一步缩短了设计周期，节约了模型制造环节的成本。

因此，将数字化设计工具引入此阶段课程，一方面要求学生以数字化工具和媒介将前期课程的研究结果可视化呈现，另一方面引导学生以数字化设计工具建立起新型设计逻辑思考，导出更多的智能移动设计研究可能性。通过全流程的课程实践，学生将初步形成具备开阔视野和社会高度的思维方式、逻辑体系及专业技术技能。

三、智能出行设计概论

课程简介

在新兴技术快速迭代的时代背景下，人类与机器智能的关系将发生颠覆性变化，出行方式乃至设计出行方式的方式将产生根本性改变。无人驾驶概念的提出与发展促进了移动终端从交通工具到智能座舱，再到移动型人工智能的属性转换。课程要求学生在新兴技术社会背景下掌握交通工具设计的概论，完成对于智能交通工具系统中发

图 3-6 配套视频

▼ 图 3-6　学生在"交通工具数字设计媒介"课程中完成的动画视频，吕铭浩作品，*2027 GAC Mobility Icon* 课题，2019 年

▲ 图 3-7　学生在"交通工具数字设计媒介"课程中完成的动画视频，苏昊祚作品，中韩联合 / 为中国未来城市的多元化清洁能源无人驾驶出行设计研究课题，2021 年

展简史、理论体系、认知方式、个体研究和概念制定的学习，形成对未来移动方式的概论认知，掌握设计研究报告制作能力和设计方案框架的建构能力。

课程内容

近年来，元宇宙、数字孪生的概念兴起，元宇宙本质上是对现实世界的虚拟化、数字化过程，需要对内容生产、经济系统、用户体验以及实体世界内容等进行大量改造。元宇宙的兴起与发展将创造出怎样的全新场景与情境亟待探索。同时，新技术挑战了传统价值体系：非同质化代币（NFT）等新型价值体系兴起，虚拟资产、地产以及艺术品等，都可以通过 NFT 来锚定，传统价值体系遭受冲击。面对新技术不断涌现所带来的价值冲击，建立面向未来的全新价值体系至关重要。在新型技术社会语境下，设计价值判断标准不断迭代，传统设计价值标准已无法满足社会发展需求，探寻如何建立既满足当下社会发展又能够伴随时代发展进行自我迭代的设计价值判断标准迫在眉睫。随着大数据、智能算法以及人工智能等技术的发展与应用，一种不同于马克思时代的异化劳动的异化——数字异化初现端倪，数字异化现象必将引发人类生存策略的变革。数字异化不仅会带来焦虑还会伴随机遇，我们必须在时代发展的巨变中重塑一种新的在数字时代的生存策略，并依靠数字时代人类的生存策略找到通向未来的路径。

因此，这门课程立足于交通工具设计向出行创新设计教育的转变，并重新建立关于教育范式、方法和建构课程体系的重要标准的重要节点。在新兴科技背景下，通过对人机共生时代下人类生存策略的路径梳理，多样化的研究路径得以建立。针对认知意识、意识交互以及交互学习三大领域研究内容的逐步深化，课程涵盖人机共生语境下的动态生活方式研究、移动型人工智能 / 无人驾驶系统研究、基于新兴实践的智能人机系统再定义三大具体研究内容。此外，在课程技术模块中，除了技术和技能的学习，探寻如何结合虚拟现实、人工智能等新兴技术建立全新的设计方法与流程也是这门课程的重要研究内容。

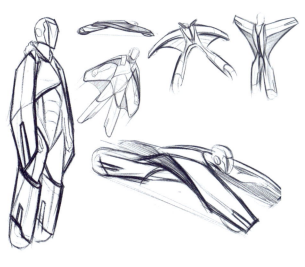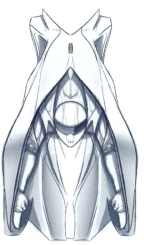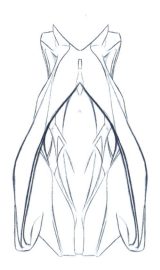

四、交通工具设计方法与流程

课程简介

在新兴技术快速迭代的时代背景下，设计学科的内涵不断扩充与丰富，设计学科的边界不断交叉与拓展，设计学科的设计目标、设计对象需要重新梳理与再定义。在设计工具方面，虚拟现实、人工智能等技术的引入扩展了设计的可能性。产业革命时代所建立的设计方法与设计策略已无法应对快速迭代更新的时代需求。因此，掌握新型设计工具的使用方法，寻求能够应对新时代需求的设计方法与设计策略的探索不可或缺（图3-8、图3-9）。

课程内容

20世纪初期至21世纪20年代，设计与生产间的相互关系发生了巨大变迁：从前网络时代以生产为核心、以图纸为介质，到网络时代初期以终端网络为组织方式、以硬件存储为介质开启设计主导的进程，当下则是以物联网为组织方式，借助人工智能等新兴技术与工具，以计算的方式生成生产与设计方案。这门课程希望通过对设计与生产之间关系的探索，带领学生尝试对传统的设计流程进行重新定义，在学生掌握传统设计方法与技能的基础上，进一步培养他们对设计方法进行探索的能力，从而培养"待定义"的设计师。

从设计的角度来说，不同时期的历史背景以及社会语境下诞生了众多具有代表性的路径及经典实践方式，例如从19世纪末期开始的工艺美术运动，到新艺术风格，直到后现代以及晚期现代主义再到当下的新兴实践尝试。未来的实践就是课程研究的核心，既待定义的路径及实践。从专业性的角度出发，课程从出行创新的角度介入传统设计方法的研究。当下的汽车设计或者说交通工具设计的核心体系与机制是由美国设计师哈利·厄尔于20世纪20年代末建立的。哈利·厄尔建立的艺术与色彩部及其

▲ 图3-8 学生在"交通工具设计方法与流程"课程中完成的可穿戴即时配送载具草图设计，陈靖新作品，中韩联合／为中国未来城市的多元化清洁能源无人驾驶出行设计研究课题，2021年

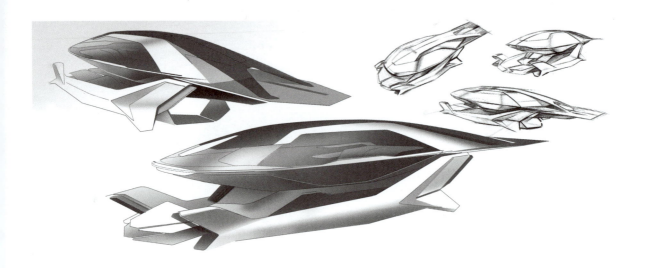

▲ *图 3-9 学生在"交通工具设计方法与流程"课程中完成的智能交互出行终端设计图，李加宁作品，CAFA×北汽新能源产学合作课题，2017 年*

所建立的设计流程、机制以及方法，至今仍主导着交通工具设计产业。尽管随着技术与时代的进步，计算机辅助设计等工具与方法被不断引入这套体系之中，但交通工具设计方法的内核在将近 100 年的时间里并没有本质上的改变。从社会背景来看，传统交通工具设计方法基本以消费主义为主导思想，其中比较有代表性的包括"有计划废止"等制度。随着时代的发展与进步，对消费主义的反思及双碳目标的提出，以及对生态危机的关注等思潮兴起，逐渐改变了传统设计方法与思想。从这个角度来说，传统交通工具设计方法与机制也必须与新兴技术社会及新兴的设计价值标准相匹配。从设计对象的角度来说，交通工具已经脱离了传统概念中帮助人从 A 点移动到 B 点的单纯属性。在当下的发展中，我们可以看到仍在演变与完善的智能座舱概念，再到可预期的近景未来之中由无人驾驶、人工智能等技术赋予交通工具的移动型人工智能属性。基于传统交通工具设计所建立的设计方法与机制必须与设计对象内涵的扩展与再定义相匹配。

综上所述，在具体研究内容方面，这门课程涵盖新兴设计价值标准研究、人机共生时代下的设计方法研究、出行终端与系统的再定义与再组织三大板块。在课程的技术模块方面，根据课程安排，在课程中着重进行新兴技术的教学，并在不同的模块中契合前述人技关系的模式。在调查与研究模块中，从数据收集、处理以及可视化方面，引入了包括网络爬虫和 Rapidminer 在内的大数据及人工智能工具。在方案探索模块，探索技术协作人的模式，引入 Vizcom、Fushion 360 等人工智能工具。在可视化模块中，课程着重探究技术与人融合的工作模式，引入了包括 Tilt Brush、Quill 在内的虚拟现实设计与评审关系。

五、无人驾驶（技术）概论

课程简介

课程要求学生在信息碎片化时代，以"无人驾驶技术"广泛普及的社会为背景，进行相关信息的调研、分析和呈现，将其以可视化的设计方法输出。同时，要求学生建立对无人驾驶技术在社会视角、数字视角、商业视角和体验视角所形成的认知概论（图 3-10、图 3-11）。

▲ 图3-10 学生在"无人驾驶（技术）概论"课程中完成的移动家庭空间设计，陈逸童作品，CAFA×LI AUTO 理想汽车产学研合作课题，2021年

课程内容

本课程旨在引导学生在大量背景研究的基础上，了解出行领域发展的历史沿革，并从时代发展的角度出发，系统性地研究智能技术给能源、金融、制造等产业带来的影响，综合考虑城市形态、道路交通系统、公共空间、生活形态、消费方式、物流系统等在新技术影响下可能产生的变化。在新能源交通工具发展的背景下，未来移动方式将发生颠覆性变化。因此，本课程以未来智能移动方式为切入点，认知新技术给社会和环境带来的机遇与挑战，畅想未来人机共存的生存策略，从而提出未来移动方式的解决方案。

课程的主要内容包括：①前期调研，并以图形化的方式梳理和呈现；②根据调研结果提出未来移动方式的初期概念，利用多种方式对概念进行呈现；③对设计概念进行推演和完善，完成故事版和意象版。

在课程开展过程中，学生将接受交通工具设计专业完整的技能训练，全流程实践包括前期调研、草图、效果图、总布置设计、油泥模型、数字模型和多媒介展示在内的完整设计过程，初步形成具备开阔视野和社会高度的思维方式及逻辑体系。

六、交通工具设计材料基础

课程简介

本课程要求学生撑握交通工具设计材料基础知识，强调材料研究的核心由COLOR&TRIM（色彩与面料）体系向CMF（色彩、材料与工艺）体系的升级，要求学生对新兴技术作用于交通工具设计后形成的新材料和新材料应用方式建立认知。

MICROYO
Define SANLIYUNS fashion travel in 2027

- 2027未来\共享\无人驾驶产学研课题
GAC DESIGN

MICROYO DESIGN PROPOSAL

CONTEXT/ STRATEGIC BIAS

Provide an efficient, comfortable and fashionable transportation service for SANLITUN in 2027.
为2027年的三里屯提供效率、舒适、时尚的共享出行方案。

Let's take a look at Sanlitun in 8 year's time. Sanlitun is one of the most prosperous commenical centers in Beijing, and the area is very important traffic interchange hub of north Chaoyang District. Due to the need of city management and sustainable development, the number of shared vehicles will increase greatly, and electric cars will be divided into different categories according to the needs of users.

SANLITUN in 2027

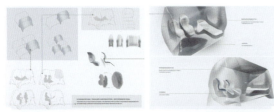

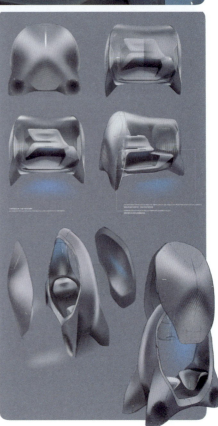

116　出行创新设计：概念、范式与案例

课程内容

材料在人类社会的发展进程中一直扮演着重要的角色，在学术界被广泛当作一种断代标准，从石器时代、青铜时代再到铁器时代，材料的发展与变革不断推进着人类科技成就的扩大。当今，随着技术的发展，新兴材料不断出现，而随着技术价值判断标准的变迁，材料的价值判断标准也从单一的性能指标扩展至与双碳目标等新兴概念相结合的综合型价值标准。同时，可编程材料等革命性材料不断涌现，也为设计领域带来了更多可能性，如何面对与把握材料的革命与革命性材料是我们不得不解决的问题。

通过这门课程的学习，学生将了解交通工具设计领域传统的 CMF 设计知识，同时熟悉和了解各种技术原理驱动的智能表面技术，并尝试将其与前导课程中完成的概念设计相结合，完成完整的方案呈现（图 3-12）。

◀ *图 3-11 学生在"无人驾驶（技术）概论"课程中完成的三里屯时尚街区无人驾驶出行系统设计，李加宁作品，2027 GAC Mobility Icon 课题，2019 年*

七、出行简史

课程简介

通过课程系统介绍人类出行行为、出行工具以及系统的历史发展脉络，了解在历史进程中三者与经济、文化、政治、社会等因素的相互作用，从出行历史研究出发，掌握具有历史逻辑性且具有前瞻性，符合未来发展规律的设计调研方法与设计思维方式。

▼ *图 3-12 与东丽（TORAY）联合开展的"奥司维材料设计工作坊"课程中，学生通过动手制作的方式熟悉材料*

课程内容

在社会变迁以及技术快速迭代的时代背景下，出行领域在未来的发展具有强烈的不确定性与多样的可能性。本课程旨在引导学生在掌握基本历史脉络与发展逻辑的基础上，对新技术、新环境背景下的未来出行行为、工具与系统进行前瞻性的分析与预测，建立系统的设计调研方法与思维。

具体的教学内容包括：①原始出行行为与出行工具：从生物进化、人类迁徙以及早期交通工具历史方面介绍广义上的出行行为如何塑造和影响人类文明发展，例如轮子的发明；②古代交通出行系统：以"秦直道"为例，介绍古代交通系统如何影响并参与塑造古代政治制度；③近现代出行方式变迁：现代部分，介绍从畜力转为化石能源后的早期交通工具历史以及现代交通工具设计制度的形成，能源变革对出行的影响；④未来出行方式工作坊：在可持续发展理念下，新技术、新社会形态对未来出行模式概念的影响、预测与设计思维研讨。本课程对出行行为及工具的历史脉络进行了详细的梳理，对影响出行历史发展进程的多种因素进行了分析与探究，详细叙述了出行行为与工具的作用与反作用。工作坊课程中，从设计理论、方法，以及思维的角度对学生进行启发，探究如何在反思历史的同时放眼未来，结合历史发展规律进行面向未来的设计，引导学生在设计实体与体系方面进行实践。

第三节
本科 3 年级课程／研究型课题课程群

一、待定义的未来——智能出行设计研究

课程简介

本课程为 3 年级出行创新设计研究型课题，在电能、氢能等形式的清洁能源所带来的能源变革迅速展开的同时，设计工具、技术、流程与方法正迎来颠覆性变化，汽车行业也在经历着设计材料、生产、消费、回收等环节的全生命周期减碳革命。本课程旨在研究能源变革背景下，清洁能源与出行系统之间产生的新的相互作用与关系，并以能源变革为研究切入点，结合"可持续发展"与"环境友好型社会"等概念，建立研究逻辑，依托课程的内置交通工具设计基础技术模块，最终提出符合时代发展趋势的未来移动方式解决方案（图 3-13）。

课程内容

本课程旨在研究危机语境下，机器人技术与出行系统交互作用产生的全新生态位，以及由此产生的新的移动人居组织方式。将机器人技术、智能移动方式设计与智慧城市设计进行概念交互，基于后疫情时代新能源、新生产方式和可持续发展重新进行价值判断，建立研究逻辑，从而设计和创造改变生活方式甚至社会形态的智能移动新物种，最终提供全新定义的机器人与出行终端共生的系统解决方案。课程研究方向包括：智慧城市语境下的无人驾驶技术、基于新出行的智能交通系统、共享经济背景下的设计趋势研究、基于场景流的未来生活方式研究、移动型人工智能／无人驾驶系统研究、基于大数据和人工智能辅助设计的设计趋势研究、自动驾驶背景下的机器人技术趋势、共情公式／设计方法在机器人社会化应用中的作用以及智慧城市中机器人的潜在应用场景。

二、移动型人工智能设计研究

课程简介

本课程为 3 年级出行创新设计研究型课题，同时面向研究生开放，旨在引导学生将系统性的客观方法和逻辑性的主观方法并用，完成对包含出行创新系统在内的未来

▼ 图 3-13 学生在"待定义的未来——智能出行设计研究"课程中完成的出行系统需求分析与迭代设计,张腾作品,2027 GAC Mobility Icon 课题,2019 年

短程高频区域公交
Let Everyone Travel Smoothly

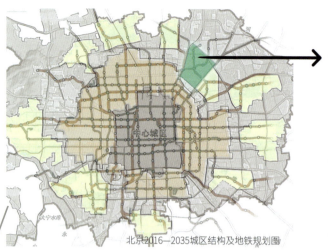

北京2016—2035城区结构及地铁规划图

公交线路运行模式
Bus Network Run Mode

以高频干线为主,以按需响应的(接驳)
高频干线的交通网将打造一个牢固高效并连接网内每一地点的交通动脉
通过按需停车、线路众筹、固定走廊等方式用于分担高峰时客流压力以及用于低密

塑造少量高频公交线路,形成网路

固定线网内同时运行快线与普线

高峰出行加密班次

交叉口及站台规划规则
Bus Stop Junction Planning

整合交叉路口与公交换乘站台
在不影响常规路口运行规则下将路口规划与公交站台规划进行整合,从而实现站台

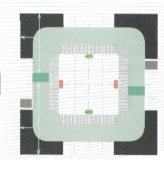
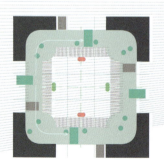

120　　出行创新设计:概念、范式与案例

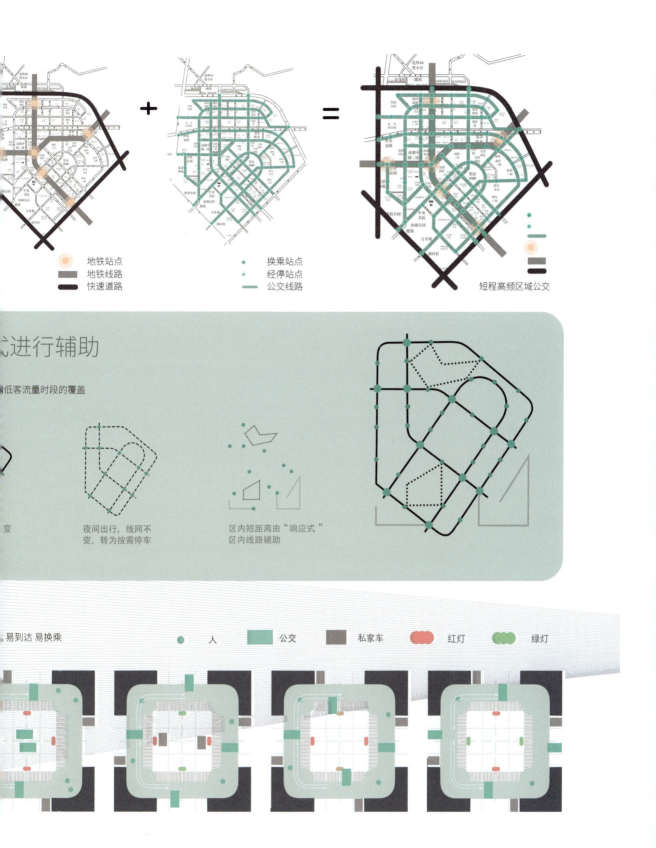

范式定义，并通过这一过程培养学生的思辨、批判和创新行动能力。本课程尤其强调研究过程的完整性，而非输出结果的专业性。本课程基于产学合作课题，联合产业设计团队等研发机构共同开展课题研究。中央美术学院设计学院相关专业师生与相关机构的研究人员共同参与课题，以智能出行系统为切入点，输出挑战传统出行系统与出行终端价值定义的多样化研究成果。

本课程基于一个广泛接受的行业认知——交通工具或出行终端未来将成为移动的人工智能。一方面，特斯拉提出要成为世界上最好的人工智能公司，以及现代汽车收购波士顿动力等行业事件，显示出出行领域的企业正在向人工智能领域布局。另一方面，国内外头部的科技公司都在布局出行领域，人工智能化的移动和出行是一种必然。此外，随着后疫情时代的到来，气候变化引发的自然灾害在全球频发，生态议题对于人类生存和发展的重要性毋庸置疑。因此，本课程希望在这两个领域进行跨领域合作，基于人工智能的移动终端来进行新物种创造，从而为生态问题提供解决方案。

课程内容

本课程中，为预测未来人工智能发展，以及它将如何与出行结合，需要引导学生了解它的发展历史。人工智能概念是随着计算机的发明提出的，并在 20 世纪 80 年代随着大规模集成电路的出现迎来了一个爆发期，提出了神经网络的概念。现在，我们正经历第三个人工智能爆发期，这给我们的日常生活带来了许多便利，但我们仍不知道它是否会给我们带来真正的人工智能。如果将人工智能 60 年的发展历史归纳一下，大概可以分为两个阶段：第一个阶段研究的核心是逻辑，内容是表达与推理；第二个阶段研究的核心是概率，重点是模型与学习。后者的特点是中间过程是完全的黑箱，学习的过程很难去干预，但结果往往更加准确。目前，基于概率的机器学习方法

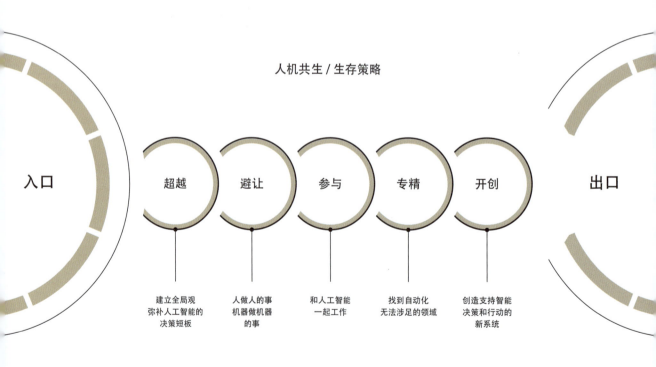

▼ *图 3-14* 学生在"移动型人工智能设计研究"课程中完成的智能出行时代人与人工智能关系分析

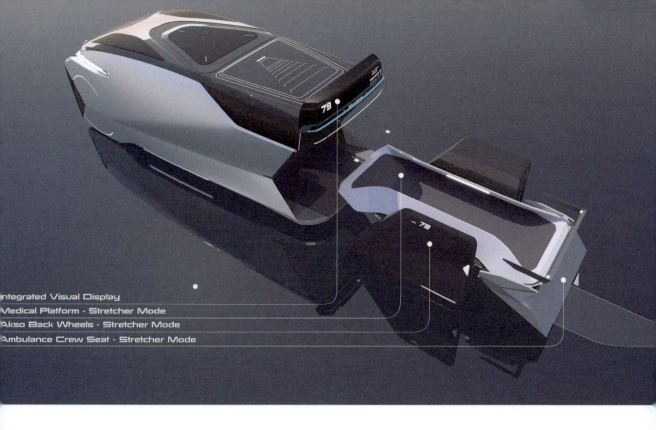

把人工智能的研究带进了很多细分的领域，其中最重要的领域包括：①计算机视觉，模式识别和图像处理，例如无人驾驶车辆要识别行人和路况，并基于二维图像去重建三维，从而判断距离，以便操作；②自然语言处理，人工智能以人类的语言，而非编程语言与人进行交互；③机器人学，包括机器人运动的控制和规划；④认知与推理，我们日常生活中的很多常识，包括物理的和社会的，对人来说是理所当然的，但对机器来说无法理解，例如人对重力很敏感，对不稳定、可能倒下的东西，我们会做出敏感的判断，但机器很难做出反应；⑤博弈与伦理，如果机器要为人服务，就需要共享人类的价值观。人工智能围棋软件与人类顶尖棋手的对决，ChatGPT等自然语言处理工具将人工智能在大众中的认知度提升到了一个新阶段。但我们在实际生活中却依然很少看到这些机器人或人工智能服务于人或者解决实际问题，大部分机器人或者说人工智能尚未具备独立解决问题的能力，即自主观察环境、分析问题并判断处理问题的能力。从专业角度，设计师无法从技术上推动这一进程，但是我们可以通过设计人工智能应用的场景赋能技术，加速人工智能时代的到来。

因此，本课程的研究领域分为三个方向：①设计方法在人工智能社会化应用中的作用，如何消除人们对机器人的恐惧感和不信任感，帮助人们与人工智能建立更强的情感联系，从而让人与机器能够更高程度地协作；②基于人工智能/无人驾驶的环境友好型生活方式，人工智能如何融入人类生活，从而帮助我们实现更低碳、环保的生活方式；③应对生态危机的多任务人工智能终端，人工智能如何替代人，在建筑、消防、防疫、环境保护领域执行一些危险系数较高的任务，从而帮助我们更好地应对这些问题（图3-14）。课题的目的在于激发学生寻找由汽车向移动型人工智能进行迭代的分界线和驱动因素，以及由此诱发的关于出行创新的系统性进化。融合出行创新、交通工具、产业研究、无人驾驶、AI设计与研究、机器人工程等领域内容，以去中心化组织方式进行跨领域赋能合作，激励学生进行"新物种系统"的创造（图3-15、图3-16）。

▲ *图 3-15　学生在"移动型人工智能设计研究"课程中完成的智能城市救护单元设计，刘子阳作品，"ASKO" 5G智能城市救护单元，"非常疫情，丹青助力"活动作品，CAFA×SAIC产学研合作课题，2020年*

图 3-15 配套视频

第三章　出行创新设计课程体系

MMB
(Machines help humans become better people to get rid of machines)

机器人如何帮助人类获得自我提升

Background 研究背景

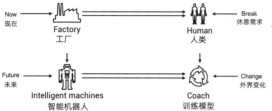

- Much of the hard work in factories and life will be replaced by robots, and technology will give people more free time
  未来，工厂中大部分繁重的劳动将由机器人承担，科技的力量使人们有更多可以自由支配的时间

Entry Point 切入点

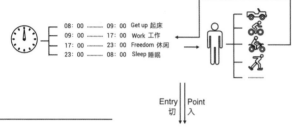

- A more adequate rest will help workers improve their work efficiency
  更充分的放松可以帮助劳动者提升工作效率

Derivation I 逻辑推演 I

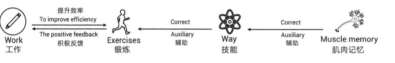

Derivation II 逻辑推演 II

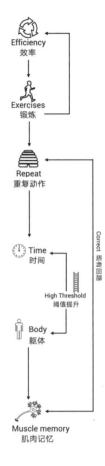

Derivation III 逻辑推演 III

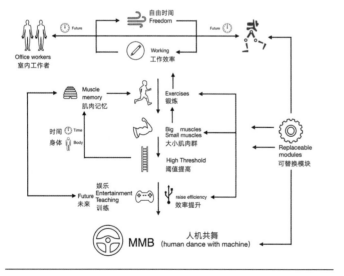

Core function 核心功能

MMB can help speed up the process of making memory in muscles
MMB可以帮助提升肌肉记忆形成的速度

MMB can correctly assist muscle exercises and speed up the formation of muscle memory
MMB可以帮助肌肉以正确的方式运动，从而加速肌肉记忆的形成

MMB can be replaced with different modules for training in different projects
MMB可以通过替换不同的模块，帮助人们进行不同项目的训练

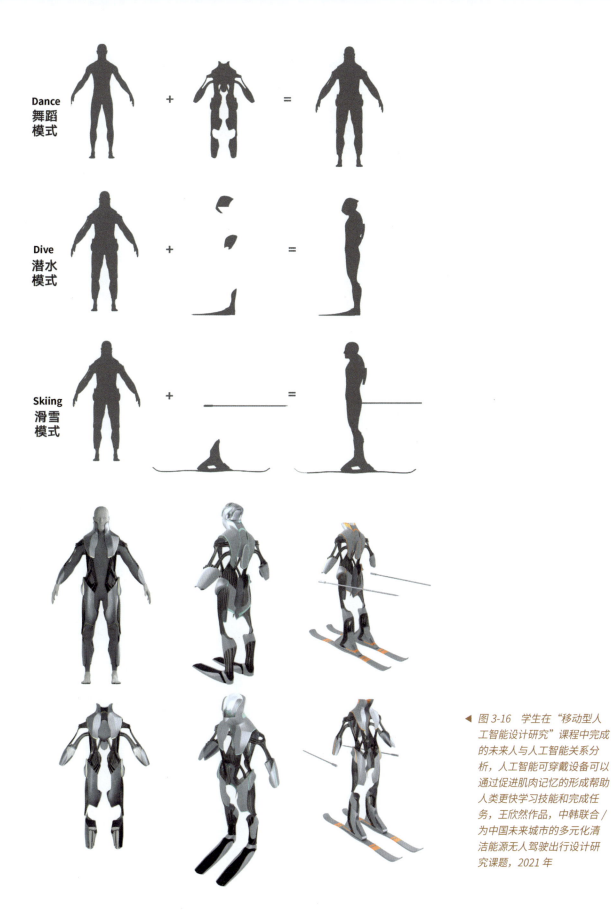

◀ 图3-16 学生在"移动型人工智能设计研究"课程中完成的未来人与人工智能关系分析,人工智能可穿戴设备可以通过促进肌肉记忆的形成帮助人类更快学习技能和完成任务,王欣然作品,中韩联合/为中国未来城市的多元化清洁能源无人驾驶出行设计研究课题,2021年

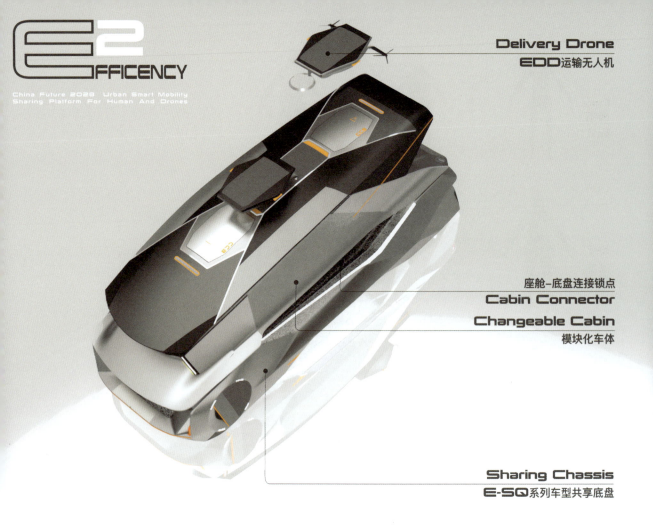

▲ 图 3-17 学生在"智能出行场景设计研究"课程中构建的出行与物流相结合的交通系统,刘子阳作品,中韩联合/为中国未来城市的多元化清洁能源无人驾驶出行设计研究课题,2021 年

三、智能出行场景设计研究

课程简介

本课程基于后疫情时代传统价值观、技术伦理与社会组织形式受到严峻挑战的背景,引导参与者发掘出行领域近景未来发展路线中应关注的重点问题,对出行创新领域的传统定义、流程和场景进行再思考,提出再定义的解决方案和实现路径。本课程以汽车设计方法为承载,融合出行创新、交通工具、产业研究、无人驾驶、AI 设计与研究、机器人工程等领域内容,以去中心化思维组织逻辑进行跨领域赋能合作,激励学生进行出行领域"新物种系统"的场景创造(图 3-17、图 3-18)。

课程内容

本课程与前导课程"待定义的未来——智能出行设计研究""移动型人工智能设计研究"一脉相承,希望通过螺旋上升的方式,帮助学生进一步强化出行创新设计学科所需要的逻辑思维能力,并进一步掌握技术技能。课程内容由研究对象从造物本身延展开——不论将其定义为机器人还是出行终端,都希望其与智慧城市概念发生交叉,通过与云计算、人工智能、5G、共享概念的交融,产生场景流的概念。

所谓"场景流"概念，主要体现为三点：其一，载体是流动的，场景本身基于智能出行终端；其二，场景属性是流动的，因为出行终端与智慧城市里的其他物体，比如建筑、公共设施、其他终端发生交融，导致其属性发生变化；其三，场景的信息是流动的，云计算是智慧城市里不可或缺的元素，信息一定是流动的，包括计算中心可能也是流动的。从场景流的角度出发，本课程将设计、研究和教育三者结合在一起，从而试图解决在技术社会背景下，社会组织形式即将发生重大变化的过程中，必然会遇到的问题——如何在中国创建高效且安全的动态人居组织方式？当前，我们居住的城市像一台非常精密、高速运转的发动机，运转效率很高，但是任何一个小零件的损坏，都可能引起系统的崩溃，特别是后疫情时代的背景下，这种情况发生的频率会越来越高。因此，我们对安全的重视度会越来越高，不仅是狭义的人身安全，信息安全、国家战略层面的能源安全都是安全。基于以上原因，我们必须重新思考：2020年代的中国出行领域面临的新挑战是什么？

当前，很多自动驾驶设计概念与1950年代的自动驾驶概念区别不大，这是由于如果出行设计过程中不考虑城市的变化，就会出现阿西莫夫提出的"电梯效应"——由于无法预见电梯的出现，人们对未来的假设将大受局限。城市的进化就是基础设施不断更迭的过程，智慧城市是城市基础设施更迭到新阶段的产物。因此，本课程希望引领学生思考，当5G、大数据、增强现实、自动驾驶、人工智能成为新的城市基础设施时，未来城市和未来出行是什么样的。

本课程重点强调的研究方向包括：①基于危机响应的城市与出行系统研究；②通过出行系统的变革，帮助实现去化石能源与劳动力依赖的宜居城市目标；③科技赋能的城市安全与效率，要求学生考虑出行场景与城市协同进化。本课程希望带领学生以出行系统解决方案对目前城市组织结构面临的问题做出回应——城市可以通过改造实现自循环，从而摆脱对外界输入资源的依赖（图3-19）。

▼ *图3-18 学生在"智能出行场景设计研究"课程中构建的未来生产力社区，朱勇豪作品，中韩联合/为中国未来城市的多元化清洁能源无人驾驶出行设计研究课题，2021年*

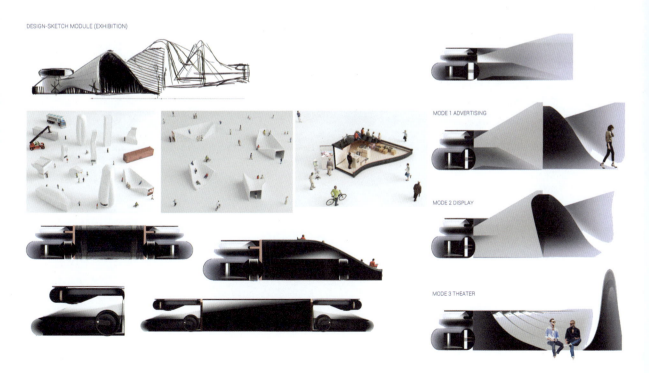

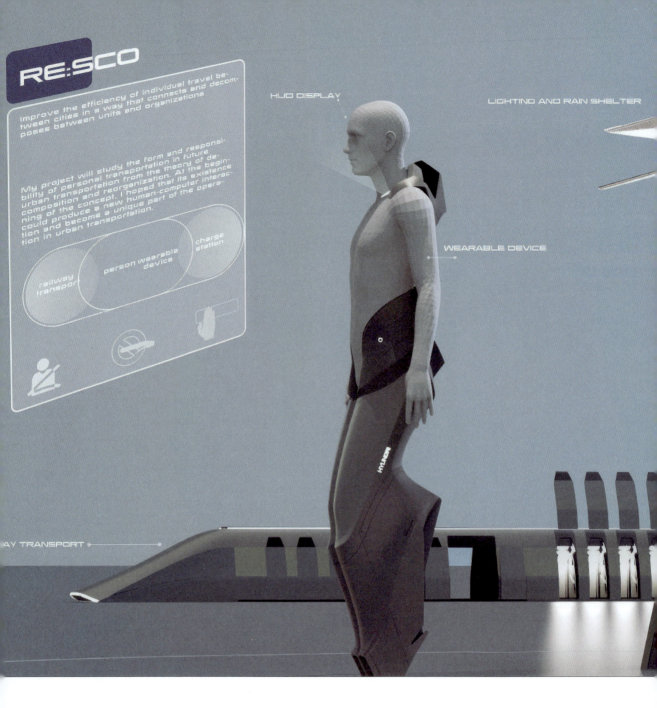

▲ 图3-19 学生在"智能出行场景设计研究"课程中构建的基于可穿戴个人载具的未来智能出行系统,杨诚作品,中韩联合/为中国未来城市的多元化清洁能源无人驾驶出行设计研究课题,2019年

图 3-19 配套视频

第四节
本科 4 年级课程 / 毕业设计

图 3-20 配套视频

▼ 图 3-20 学生在毕业设计环节完成的创作,"METAPHOR",姜子涵作品,CAFA×LI AUTO 理想汽车产学研合作课题,2021 年

为应对未来社会发展及未来学科建设,设计学院的教学改革对于学生的要求由单一技能层面的考核转向以专业为基础的社会探讨和问题思考。未来社会需要具有社会责任意识并能通过设计思维与社会语境进行对接的包容性人才。教学改革的核心目标是建立一套以学生为中心的跨越学科、打破设计专业壁垒的新型设计教育模式。因此,自 2015 年起,设计学院进行了全面而深入的学科结构和教学方法改革,并通过 1.0 ~ 4.0 版本的升级,完成了由"理念"到"系统",再到"范式"的深化过程。以全球视野为基础,立足对中国社会未来形态和经济模式的整体研判,形成了以"战略设计、科技设计、设计思维、产业设计、设计理论"为基本架构的大学科建设体系。设计学院的教学目标是创造学生价值核心和实际效益的最大化,帮助学生完成个人价值整合、知识融合,具备全球意识和战略意识,将学生培养成为具有领导能力、研究能力、创新能力和专业能力,能够服务国家、产业和社会的未来发展,开拓未来、走向世界的一流人才。

四年级作为专业学习的结果和出口，在跨学科、打破设计专业壁垒的学科发展趋势下，启发学生自主思考、开拓视野、开放对学科的理解，强调对学生的"人文关怀"与自主意识的建立，拓展学生对更为广阔和综合的"设计"概念的认知，传统的专业方向被综合性实验室或研究院等切入社会与时代的研究方向所取代，让学生自由、主动选择专业与技能的学习，在全面的基础与架构之上深入某一知识与问题的研究与设计创作（图3-20、图3-21）。

小组毕业设计

小组创作的目的是测试学生的协作和独立工作能力：希望学生能在不同的专业语境里以合适的行为职业规范工作；面对复杂和不可预期的情境与小组制订周全策略，并能专业地参与协同或独立工作；在分析问题的过程中，既能展示出方向感和独创性，又能显示出自主性和个人责任感；在相应的解决任务过程中，能一贯计划并执行，自主或合作；能在多样化的团队中，以任何角色为团队做出杰出贡献。

个人毕业设计

面对新时代的形势变局、产业变革、危机与挑战，深刻理解新文科建设内核，个人毕设要求学生将设计学科与现代信息技术等其他专业集群融合，于新工科、新医科、新农科提出的新命题、新方法、新技术、新手段中，创造新方向、新标准及新价值判

▲ 图3-21 学生在毕业设计环节完成的创作，"IFS-I"智能务农系统，王昱辰作品，毕业设计项目，2023年。旨在通过人工智能技术、大数据技术、自动化技术来辅助农民完成插秧、植保、收割等作业，为云南等乡村振兴重点地区提供新型智能化农业生产设备

图3-21 配套视频

第三章　出行创新设计课程体系

断,并研判后疫情时代的全球政治、经济变化,以人类既有的社会组织结构、生产与消费方式为课题研究切入点,以学科专业划分为工具与方法,构建危机意识主导的全新学科教育架构与学科资源整合平台,全面聚焦应对人类未来生存模式的思考与行动(图3-22~图3-25)。

▶ 图 3-22 中央美术学院设计学院出行创新设计方向 2021 届毕业展现场

▼ 图 3-23 中央美术学院设计学院出行创新设计方向 2023 届毕业展现场

▼ 图 3-24 学生在毕业设计环节完成的创作,"#30 NISSAN GTR",杨德辉作品,毕业设计项目,2018 年

图 3-25 配套视频

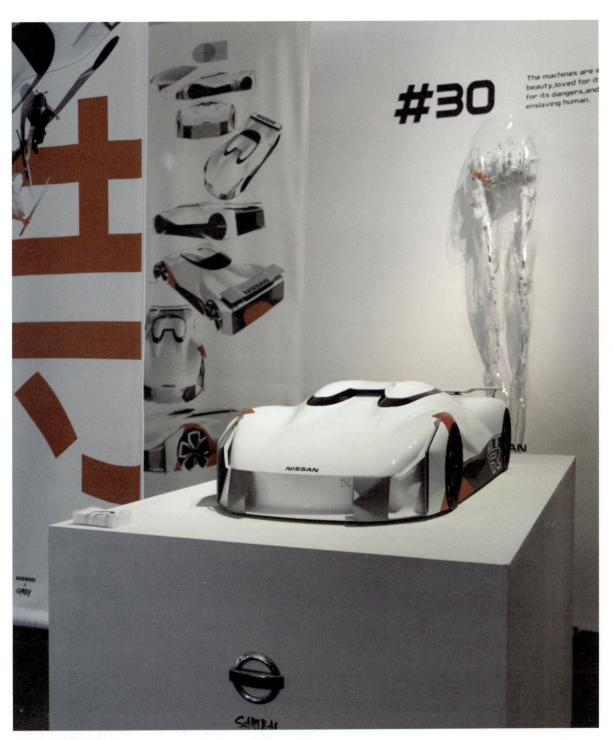

第三章 出行创新设计课程体系

BACKGROUND
背景

TERRAFORMING MARS
火星改造计划
以百年为期，改造成类地球环境，项目时间节点选择2070年，改造过渡期依赖合成微生物技术，呈现过程感、生命感、动态感
With a hundred years, transformed into a class earth environment, project time node selection 2070, transformation transition period depends on synthetic microbial technology, showing a sense of process, life, dynamic sense.

内部相互贯通的有机形态
An organic form of internal interoperation

EXTERIOR
外饰

外饰以克莱因瓶为基础
作形态演化
The exterior decoration is based on the Klein bottle for morphological evolution.

KLEIN BOTTLE
克莱因瓶

图 3-25　部分毕业设计创作流程，"微生物圈流空间"，
郑坚辉作品，CAFA×SAIC 上汽设计产学研合作课题，
2021 年

IDEATION
概念

工厂和设备离不开生物学技术的支持，包括生物粘合技术，微生物金属萃取技术等
——美国宇航局艾姆斯研究中心
Factories and equipment cannot be supported by biological technologies, including bio-stick technology, microbial metal extraction technology, etc
- NASA's Ames Research Center

火星模拟实验室研究苔藓可以较好在火星生存，使得火星氧气浓度上升速度提高
——德国宇航局
The Mars Simulation Laboratory studied that moss could survive on Mars, increasing the rate of oxygen concentration on Mars
- German Space Agency

克莱因瓶
Klein bottle

+

夜光藻发光基因的微生物
Microbes of the glowing gene of night light algae

微生物圈流空间
Microbial loop

伴以黑色的生物涂料层
Accompanied by a black layer of bio-paint

微生物泛蓝光动态效果
Microbial pan-blue light dynamic effect

INTERIOR
内饰

内饰与外饰相互贯通。
微生物流通，形成生生不息的感知觉
The interior and exterior are connected.Microbial circulation, the formation of a living perception

第四章
出行创新设计
课程案例

第一节　四次中韩联合 /
　　　　为中国未来城市的多元化清洁能源无人驾驶出行设计研究课题

第二节　CAFA × SAIC 上汽设计产学研合作课题

第三节　未来 / 共享 / 无人驾驶产学研课题：2027 GAC Mobility Icon

第四节　GO PLUS! 2028 Smart Sharing Solution
　　　　理想汽车 / 滴滴出行合作课题

第五节　奥迪 2025 Next Premium 合作研究课题

在出行创新设计教育中,"显性知识"和"隐性知识"同时占据着重要的地位。"显性知识"一般指容易被传授和考察的技能——从 20 世纪发端的手绘草图、油泥模型制作等沿用至今的技能,到使用喷枪制作全尺寸渲染图等现已淘汰的技能,再到新兴的数字设计、人工辅助设计等技能,这些知识的学习往往能给学生带来直观的成就感。而"隐性知识"的学习过程往往难以被直观感知。在信息越来越碎片化的时代,学生需要学习如何在纷繁复杂的信息洪流中提取有效信息,建立逻辑体系。他们需要训练时间管理的能力,建立团队合作的意识,特别是学会跨学科的思维方式,能够与不同专业领域的人进行交流。这些能力往往是无法在传统的讲授式课程中培养的。因此,课题制课程成为出行创新设计人才培养中的一种标准模式。

出行创新设计领域的课题制课程(或称工作室课程)来自传统的交通工具设计教学体系,起源于 20 世纪 60 年代的美国。经过数十年的发展,课题制课程已经成为这一领域经典的教学方法。课题制课程一般由院校自拟题目,或由赞助企业给出题目和要求。在课程的进行过程中,学生遵循"标本与激活""问题与逻辑""概念与定义""系统与新呈现"等研究方法,完成"综合研究 - 研究及概念 - 场景流与问题构建 - 解决方案 - 方案可视化 - 科技设计 - 媒介设计 - 发布准备与媒介评价 - 展览"等模块的工作,并通过传统的交通工具设计技术流程或基于问题创新的定制研究方法完成最终解决方案。在整个大学教育期间,学生会重复经历数次这样的课程,通过螺旋上升的方式不断对"显性知识"和"隐性知识"进行强化。

在课题制课程中,由企业赞助和提出的产学研合作课题又是其中尤为重要的一部分。通过产学研合作课题,专业可搭建多元化的教学平台,将国际教师团队、产业设计师资源同时加入教学中,企业也可将自身资源投入教学中。学生可以接触到行业关注的前沿话题,并与企业设计师进行直接沟通,他们的意见往往会对学生成长起到意想不到的作用。此外,企业专业的项目管理流程和节点意识有助于学生时间管理意识的培养。在多家院校参与的产学研课题中,学生在跨院校的横向对比中也将对自身定位有更加清晰的认知。因此,本章精选了中央美术学院近年教学过程中的五个产学研课题案例,以这些案例作范本,探讨出行创新设计专业的课程组织形式,供读者参考。

第一节
四次中韩联合／为中国未来城市的多元化清洁能源无人驾驶出行设计研究课题

2018—2021 年，中央美术学院设计学院出行创新设计方向与韩国现代汽车、韩国国立艺术大学携手，按年度开展的中韩产学研国际合作课题，在中韩跨国研究平台上，对"中韩联合／为中国未来城市的多元化清洁能源无人驾驶出行设计研究课题"展开研究。课题聚焦于未来出行方式研究，集合跨学科领域的专业研究方法，在智慧城市背景和在地性路网条件下探索无人驾驶的全新应用场景，强调新兴科技对于移动终端与新型空间之间交互关系的研究，展开对待定义的近景未来出行方式、智能交通系统和智能移动终端的课题设计。

迄今为止，该课题已经成功举行了四次。2018 年，课题主要聚焦于为未来的中国城市设计清洁能源的无人驾驶出行工具。2019 年，课题主题为在新兴科技背景下

▶ 图 4-1 "中韩联合／为中国未来城市的多元化清洁能源无人驾驶出行设计研究课题"历年研究主题

2018	2019
中国未来城市的多元化清洁能源无人驾驶出行	**在新兴科技背景下为中国未来城市而设计**
· 无人驾驶终端作为城市基础设施	· 无人驾驶终端作为人工智能载体
· 无人驾驶出行体验研究	· 无人驾驶物流与新零售
· 无人驾驶出行与物流	· 可穿戴式个人无人驾驶终端
	· AI介入出行设计：设计设计的方法

2020	2021
以无人驾驶作为基础设施的智慧城市	**机器人与出行系统生态位**
· 无人驾驶终端与"城市大脑"	· 机器"融合"人
· 城市交通中的慢行与快行网络	· 机器"替代"人
· 应对危机的智慧城市出行系统	· 机器与人"合作"

为中国未来城市而设计,除了考虑人工智能、5G、大数据、无人驾驶对出行方式的影响外,"设计设计的方法"也成为研究的重点。2020 年,课题以"智慧城市"为核心展开,希望用设计方法将现代集团作为综合性集团在未来城市建设方面的愿景可视化。课题中引入"基础设施城市"作为核心概念,考虑人工智能和无人驾驶成为城市基础设施的组成部分后,城市与交通出行系统将如何共同进化。2021 年,在现代汽车收购机器人公司波士顿动力的背景下,课题围绕"汽车"与"机器人"属性的融合展开,从"机器与人合作""机器替代人""机器融合人"三个角度开展研究,对未来智能载具在技术社会中的"生态位"展开研究(图 4-1)。

一、课题目的:基于新兴科技与智慧城市的出行创新设计

课题利用跨学科的视角和交通工具设计、视觉艺术、交互媒体、时尚等领域的研究方法,在大数据、新能源、人工智能、智慧城市等新兴科技语境下探索未来出行的全新可能性,并对未来技术演化的路径图做出逻辑性预测。项目将在中韩两国的一流艺术院校平台上进行,在项目持续进行的过程中,双方的学生将加深对未来技术社会发展趋势的认知。通过对社会、经济、文化、制造业、可持续发展领域趋势审慎且细致入微的观察,项目力求对未来无人驾驶场景做出预测,从而为社会生产领域更广泛意义上的设计实践提供参考。

二、合作单位介绍

现代汽车

作为一家兼顾建筑、汽车、材料、电子等领域的综合性企业,现代集团将出行服务、机器人技术、新能源和可再生能源、智慧城市和人工智能等五个新领域作为未来战略和技术开发的重点。基于跨行业的技术优势,现代汽车致力于以技术和创新满足人们的需求,为未来城市制订蓝图,并创造未来出行体验。

作为现代汽车设计副总裁、现代汽车全球设计中心总监,李相烨先生是全球著名

◀ 图 4-2 现代汽车设计副总裁李相烨先生(右)在项目发布会现场

▲ *图 4-3* 中央美术学院师生和现代汽车、韩国国立艺术大学师生举行线上会议,沟通课题中期进度

的汽车设计师(图 4-2)。他在知名设计公司宾尼法利纳开始了职业生涯,并历任保时捷设计师、通用汽车设计师、大众汽车首席设计师、宾利外观与前瞻设计主管。2016 年加入现代汽车后,李相烨先生一直在设计战略、品牌发展与创新方向发挥领导作用,对现代与捷尼赛思品牌的设计竞争力的提高做出了巨大贡献。

韩国国立艺术大学

韩国国立艺术大学创立于 1991 年,是一所著名的四年制国立艺术大学,各艺术学科常年稳居韩国高校各艺术类专业首位。韩国国立艺术大学的入学条件非常严苛,虽然学校成立时间不长,但在音乐、舞蹈、美术、戏剧、影视、传统艺术等学科领域已经主导并引领着韩国艺术教育的发展。区别于传统上针对单独领域和媒介进行培养的教育模式,韩国国立艺术大学基于创造、进取和综合的思维方式构建新的艺术教育模式(图 4-3)。

三、研究内容

在"为中国未来城市的多元化清洁能源无人驾驶出行设计研究课题"背景下,确立图 4-4 所示的具体研究方向。

01	智慧城市语境下的无人驾驶技术
02	基于新出行的智能交通系统
03	共享经济背景下的设计趋势研究
04	基于场景流的未来生活方式研究
05	移动型人工智能/无人驾驶系统研究
06	基于大数据和人工智能辅助设计的设计趋势研究
07	科技赋能的城市安全与效率
08	去化石能源与劳动力依赖的宜居城市
09	基于危机响应的城市与出行系统研究

◀ 图 4-4 "中韩联合/为中国未来城市的多元化清洁能源无人驾驶出行设计研究课题"研究内容

四、项目流程

课题持续总时间为 8 周,按照"标本与激活""问题与逻辑""概念与定义""系统与新呈现"的研究方法,将整个项目流程分为图 4-5 ~ 图 4-9 所示的 8 个模块。

▶ 图 4-5 "中韩联合/为中国未来城市的多元化清洁能源无人驾驶出行设计研究课题"项目流程

第1周	第2周
综合研究模块 基于L5级无人驾驶技术的应用前景在后疫情时代对中国城市未来发展所造成的可能性，提出多元化的清洁能源交通工具设计终端解决方案	**场景流与问题构建模块** 将概念定义分解为典型性社会形态场景，按特定顺序形成具有叙事语境的场景流，并将之视觉化，从中梳理出与出行创新有关的问题系统

第5周	第6周
科技设计模块 从材料、科技、工艺、数据计算、3D扫描、CAS和动态计算机辅助设计等模式入手进行方案设计，提供逻辑自洽的城市出行系统与出行终端解决方案	**媒介设计模块** 以数字引擎等技术作为设计媒介，建立起技术诱导型设计思维逻辑，对移动型人工智能空间与系统方案进行完整化呈现

▶ 图 4-6 参与项目的央美师生与现代设计团队合影

▼ 图 4-7 "解决方案模块"：以场景图和草图方案发展的模式为上一步骤提出的问题确定解决方案

第3周	第4周
解决方案模块 以多元逻辑和多种技术手段提出针对问题系统的解决方案，并以上述方案对近景未来进行定义	**方案可视化模块** 根据制订的解决方案，个性化定制设计流程，以多元技术方法对方案进行可视化呈现
第7周	第8周
发布准备与媒介评价模块 发布文件准备以及通过媒介构建评价体系，完成对于设计输出的自我评价	**展览设计模块** 基于设计输出进行展览策划，将设计研究方法、概念、成果、评价呈现于展览之中，并完成完整有效的现场发布

◀ 图4-8 "科技设计模块"：利用CNC技术搭建实物模型，并进行人机工程学验证

▼ 图4-9 "发布准备与媒介评价模块"：参与项目的学生在现代汽车文化中心进行方案汇报，并布置展览

① 陈逸童作品,"KHAN-EV"仿生骑行载具设计,中韩联合/为中国未来城市的多元化清洁能源无人驾驶出行设计研究课题,2021年。

案例一 | 机器与人合作:
KHAN-EV – 仿生骑行载具机器人与出行系统生态位研究

人工智能技术融合生物性特征增强人机情感纽带

在这一案例中①,作者基于当下市场需求做出预想,希望通过应用更先进的硬件和软件技术,加强人与机器之间的情感纽带,消除人们对于无人驾驶和人工智能这一新兴科技的恐惧与不信任。"KHAN-EV"同时也是一个带有数字性的全新生命体,与工业革命前的交通工具——马一样,它将与使用者建立起更深厚的情感关系。

▲ 图 4-10 "KHAN-EV"多变的骑行方式和接近生物的智能属性,使其能够更好地建立与人的情感纽带

背景研究：人与"坐骑"的情感纽带

随着工业革命的推进、内燃机的出现，以及现代交通系统的发展，马从过去最主要的骑乘交通工具，转变为小众化、娱乐化、专业化的载具。在机器时代，我们仍然以"马力"作为功率单位，但是马在人类生活中已经失去了中心地位——现在，我们将它们视为宠物和同伴。作者将马的当下定位与未来的"摩托车"定位类比，并试图赋予未来骑行载具方案马的人文含义和形态特征（图4-10）。

图 4-10 配套视频

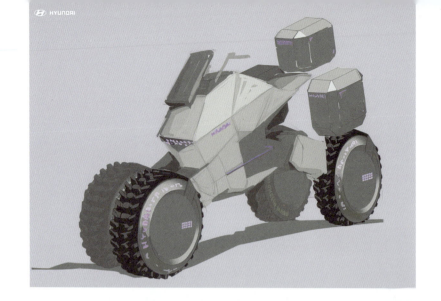

▶ 图 4-11 "KHAN-EV"拥有三种不同的骑行姿态:接近赛车的低趴姿态、日常公路骑行的姿态和越野状态下接近骑马的姿态。在监测到驾驶人接近后,它会自动降低车身以方便驾驶人进行操作和上车。驾驶人可以通过在独立页面输入个人信息来培养自己的"KHAN-EV"

消费者是否愿意将自己的生命交到一台冰冷的机器手中？比起冷冰冰的机器，相信你的"宠物"或"家人"是否更容易一些？试想一下，"交通工具"也可以有自己的个性。它了解你的习惯，可以通过你的训练学会一些简单的操作，并从工具转变为"坐骑"，同时在造型上也看起来更像一只被驯服的动物（图4-11）。

生态位定义：穿越旅行中更值得信赖的生物智能伙伴

人们在进行户外单人摩托车旅行或探险时，往往会面临诸多不确定的环境因素和复杂地形，此时他们的交通工具将起到至关重要的作用，并与驾驶人共同面对旅程中的一切未知事件。

基于这一场景预设，作者的目标是结合机器人的硬件技术和人工智能的仿生属性，使户外出行的交通工具更加可靠，不但具有更优秀的通过性，还能像动物和伙伴一样与人类建立感情纽带，增进信任（图4-12）。

◀ 图4-12 "KHAN-EV"类动物的智能使它可以在不同户外场合忠诚地提供守护功能，例如在露营地守夜等

▼ 图4-13 "Container-X"未来智能出行与物流系统，刘竹、吴显作品，中韩联合／为中国未来城市的多元化清洁能源无人驾驶出行设计研究课题，2019年

解决方案设计：赋予载具马的人文含义和形态特征

作者为"KHAN-EV"设计了如下功能：首先，它能够通过自主移动和对外界的智能判断，在户外为使用者率先侦察地形等外界因素，排查危险；其次，在不同的环境下，它有多种不同的适应模式，它的自主判断能力能够辅助驾驶人避开危险，引导驾驶人在正确的道路上行驶。

结合现代概念车的设计语言，并适度展示出机器人的机械构造之美，是这个项目外观主题的设计出发点。它结合了四足机器人和摩托车前叉、后摇臂的形式，从而更好地适应环境。

智能应用场景：骑行姿态设计

"KHAN-EV"可以通过不同的姿态构成不同的骑行三角，采取不同的驾驶模式应对不同的环境。在铺装路面上，它采取更低的姿态来降低风阻和节约能源；在越野环境下，它的姿态变高，更像一个四足攀爬的机器人，给驾驶人提供更好的视野。作为定位于近景未来的前瞻项目，"KHAN-EV"融合了对交通工具和动物伙伴的定位，探索了在无人驾驶普及的未来，休闲娱乐出行载具的全新形态，以及人与机器关系的更多可能性。

图 4-13 ~ 图 4-16 所示为中韩联合 / 为中国未来城市的多元化清洁能源无人驾驶出行设计研究课题的更多案例。

图 4-14 配套视频

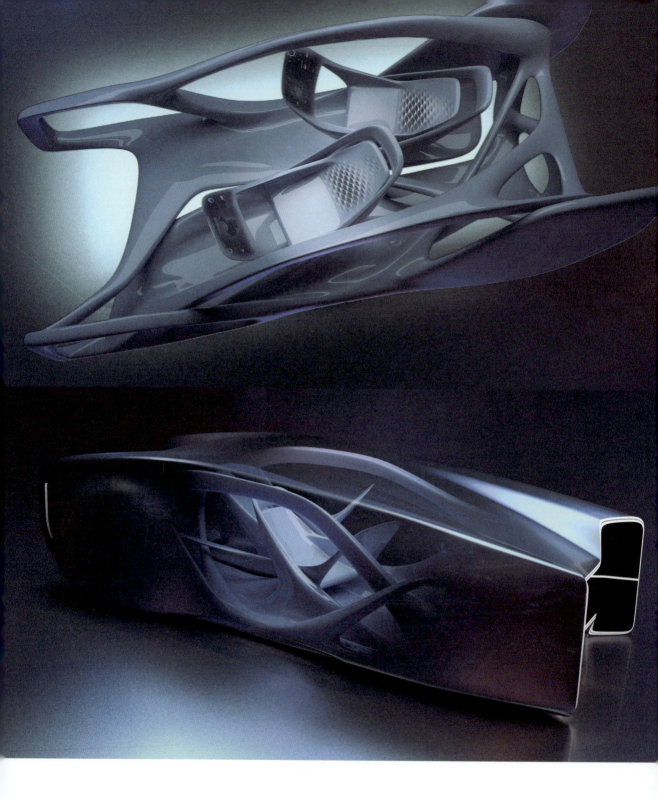

▲ 图 4-14 高紫玉作品,"BEINGS"智能空间,中韩联合/为中国未来城市的多元化清洁能源无人驾驶出行设计研究课题,2019 年

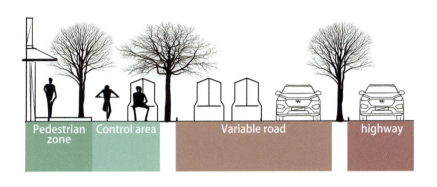

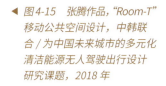

◀ 图4-15 张腾作品,"Room-T"移动公共空间设计,中韩联合/为中国未来城市的多元化清洁能源无人驾驶出行设计研究课题,2018年

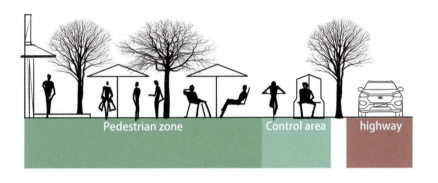

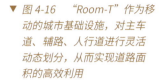

▼ 图4-16 "Room-T"作为移动的城市基础设施,对主车道、辅路、人行道进行灵活动态划分,从而实现道路面积的高效利用

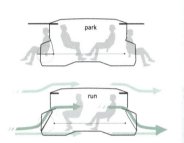

第四章　出行创新设计课程案例　　153

案例二丨机器替代人：
COLLIE－动物保护机器人与出行系统生态位研究

设计一个"新物种"来平衡人与自然

进入新千年的第三个十年，人类如何与动物一起居住在地球上，并与其他物种更好地共存，已成为新的发展问题。许多野生动物濒危的现状无时无刻不提醒着我们要关爱自然。因此，在这样的背景下，作者希望创造新的"物种"来解决这个问题。

"COLLIE"一词译作牧羊犬。牧羊犬在过去几千年里，帮助人们畜牧、负责警卫等。随着时间推移，牧羊犬成为人类与牲畜之间的沟通媒介。因此，作者将他的机器人命名为"COLLIE"，强调其作用：作为一个新"物种"，它是人类与动物的桥梁，同时也是一个带有数字属性的全新生命体，用来平衡人与动物的关系，缓解愈演愈烈的人类发展与动物生存之间的矛盾（图4-17）。

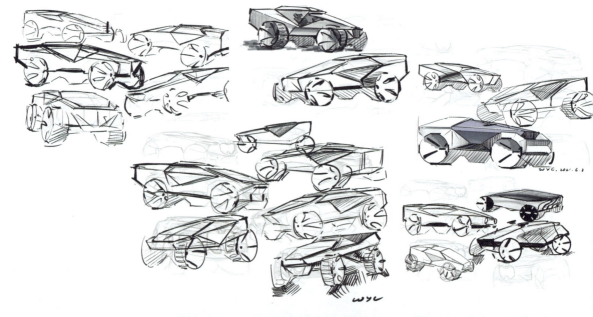

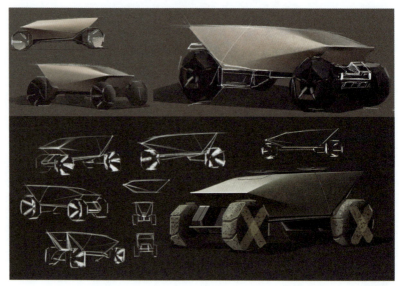

图 4-17 配套视频

图 4-17 王昱辰作品,"COLLIE"动物保护机器人设计,中韩联合 / 为中国未来城市的多元化清洁能源无人驾驶出行设计研究课题,2021 年。车内记录了动物的热成像影像,可收纳各种救治野生动物的急救物资,机械臂可收集动物的毛发、粪便等样本,并在保护区设置生物科研中心与机器人运维基地

图 4-18 配套视频

案例三 | AI 介入设计：
RESPONSIVE INTERIOR 响应空间——设计"设计的方法"

基于人体维度的参数化出行空间设计

由于能源和空间的限制，共享化是未来交通工具发展的必然趋势，但现有标准化的内饰无法满足不同出行人的需求。作者认为，在共享动力外壳的同时，实现内部体验的定制化应该是未来交通工具的发展趋势。人体、社群、环境是三个应该被优先考虑的基础维度，设计师可以基于这三个维度构建在有限空间内的空间生成和组合规则，并用一个最小体量的单元移动空间贯穿于交通流中，连接起不同尺度的出行方式。单元空间的组合态会是一个动态变化的景观，在将有限空间最大化利用的前提下，尽可能满足大部分人的个性化空间需求（图 4-18）。

▶ 图 4-18 李晨作品，"RESPONSIVE INTERIOR"响应空间，中韩联合／为中国未来城市的多元化清洁能源无人驾驶出行设计研究课题，2019 年

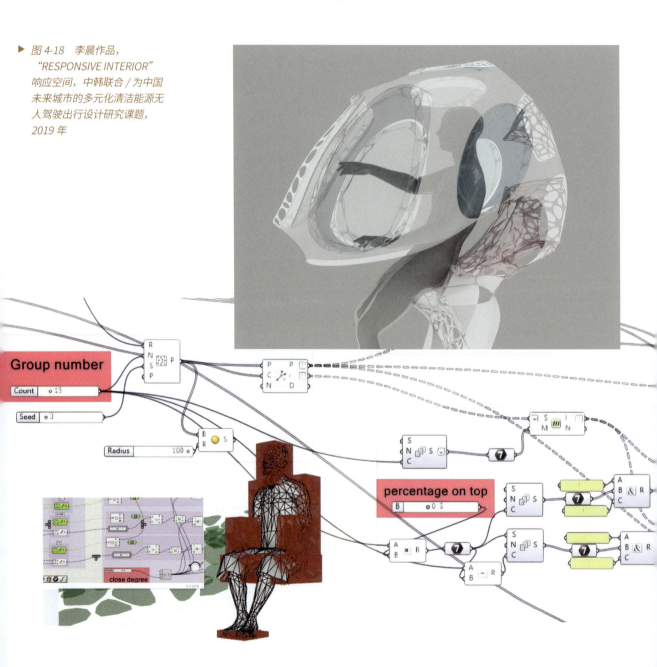

156　　出行创新设计：概念、范式与案例

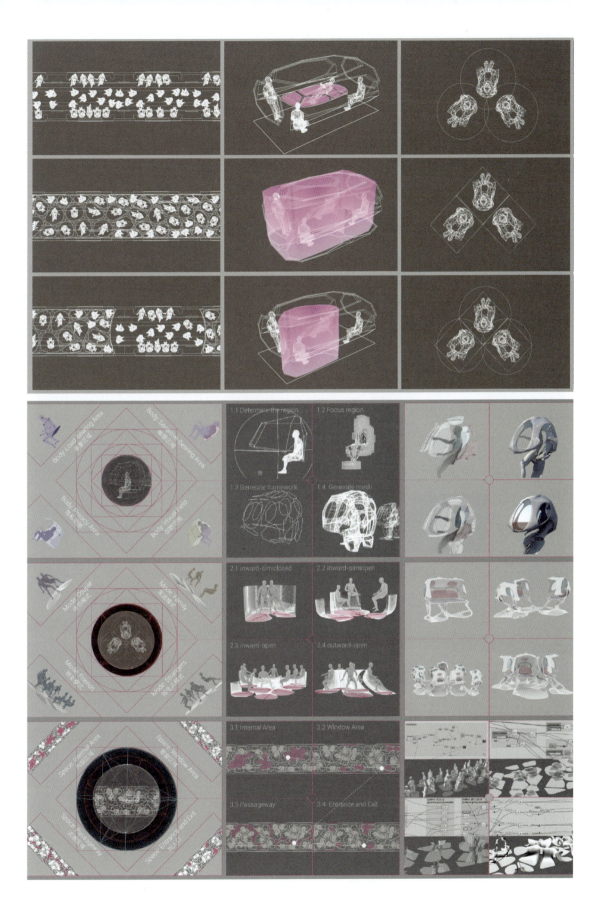

第四章 出行创新设计课程案例

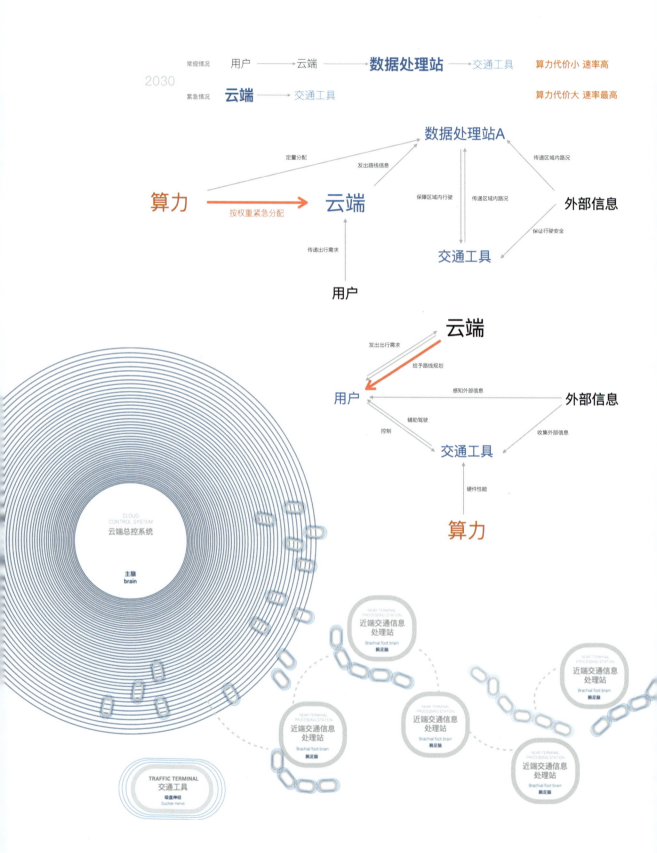

案例四 | TENTACLE CITY - 万足城市：
应对危机的智慧城市出行系统

基于边缘计算的去中心化城市应急系统构建

新冠疫情的袭击使我们认识到城市系统稳定运行的重要性，在应对危机的背景下，城市的组织形态需要重新构思。要建设一个高效、智能、安全并且可以承受危机的城市，是否只有现行方案一种可能？作者尝试改造当下中心化思想驱动的城市，建立一个借鉴章鱼腕足神经组织方式、以去中心化思想为主导、以边缘计算技术为支持的城市交通系统模型——万足城市（TENTACLE CITY）[1]，通过比较"万足城市"与现行北京城市交通系统之间存在的差异并分析两者优劣，探索未来城市系统的更多可能（图4-19）。

① 王奂栋作品，"TENTACLE CITY"万足城市，中韩联合/为中国未来城市的多元化清洁能源无人驾驶出行研究课题，2020年。

▼ 图4-19 "万足城市"的去中心化城市应急系统示意。交通系统突破区域层级化控制方式，将城市分为权力对等的不同直管区域，由云端、终端交通工具以及云端与终端之间增加的近终端组织——近端交通信息处理站组成

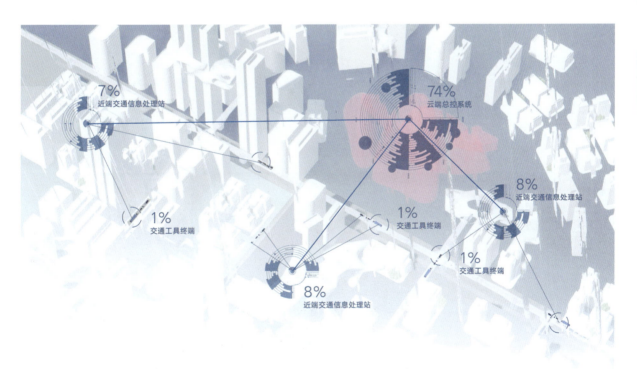

第二节
CAFA×SAIC 上汽设计产学研合作课题

"这是一个需要思想而且一定能够产生思想的时代。"在国际风云变幻不定的当代，依托于中国经济稳健的全产业链增长和科技领域的不断突破，人们的幸福感和满足感日益增强，国人特别是年轻群体的自我认同感空前增长。在精神领域，人们对于传播中式价值观的作品和传播中式审美的产品的需求越来越强烈。与此同时，随着无人驾驶、大数据、人工智能技术的到来，汽车设计必然在新兴科技背景下发生革命性变化，新一轮"国潮"蓄势待发。

一、课题目的："新国潮"未来出行方式研究

基于上汽设计对未来出行的关注和研究追求，在中央美术学院的研究平台上，集合设计学科汽车设计、视觉艺术、交互媒体和时尚艺术等专业领域的研究方法，提供符合"新国潮"趋势的未来出行系统化、终端化解决方案，按计划完成研究成果并发布。

▶ *图 4-20 上汽设计总监邵景峰（左二）与中央美术学院设计学院出行创新设计方向教学团队共同进行教学指导和方案评审*

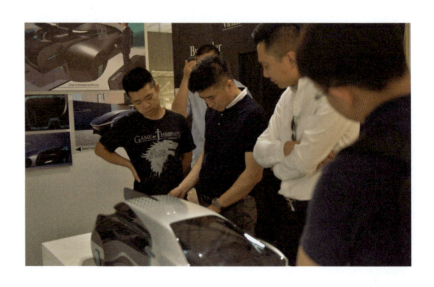

二、合作单位介绍

上汽设计中心（SAIC DESIGN）是上汽集团创新研究开发总院下属设计中心，汇聚了来自全球各地逾300名心怀汽车设计梦想的优秀设计人才，包括多位国际顶级设计专家，主要负责上汽集团旗下荣威、MG和飞凡等品牌的汽车设计工作。上汽设计中心多年来一直与国内外高校在汽车设计领域保持了良好的互动合作，并希望在未来可以继续携手高校设计力量，充分发挥双方优势，共同创造出更多的合作机会。既为广大学子提供展示设计才华的平台与就业实习机会，也为企业创造设计价值，实现双赢（图4-20）。

三、研究内容

调研荣威最新发布的"国潮"设计理念，设计其未来进化方向。继续将"中国设计元素"与现代潮流融合，实验并创造新的潮流IP。挖掘MG品牌百年历史与传承，思考在新时代将如何做好传承与进化（图4-21）。

01	调研荣威最新发布的"国潮"设计理念，设计其未来进化方向。继续尝试将"中国设计元素"与现代潮流融合，实验并创造新的潮流IP
02	挖掘MG品牌百年历史与传承，思考在新时代将如何做好传承与进化。为MG品牌设计100周年纪念款专属造型与专属徽章标识，打造出继续引领下一个百年的"国际范"品牌

◀ 图4-21 CAFA × SAIC 上汽设计产学研合作课题目的

四、项目流程

课题持续总时间为 8 周，按照一般汽车设计的流程与研究方法，将整个项目流程分为图 4-22 所示的 7 个模块，过程中采用了大量线上评审方式，更高效地推进沟通。

该项目同时为该届毕业生的毕业项目，要求每位学生完成硬模和展示动画的制作，

第1周	第2周
项目启动阶段	调研&初期草图阶段
项目启动仪式	线上设计指导

- 方案评审

第5周	第6周
油泥模型阶段	CAS模型阶段
中期汇报	线上CAS模型评审

- 油泥模型评审

▼ 图 4-23 CAFA × SAIC 上汽设计产学研合作课题项目最终展览现场全景图

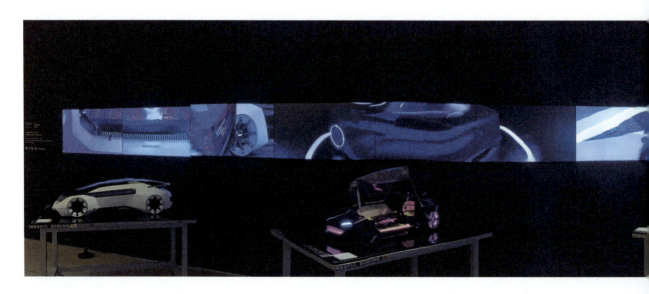

162　　出行创新设计：概念、范式与案例

并以展览现场为最终呈现形式（图 4-23）。

完整的设计流程包括草图、二维渲染、平面胶带图、数字模型和三维可视化模型、油泥模型、3D 扫描与点云转换数字模型、3D 打印（及 CNC 成型）等内容。

◀ 图 4-22　CAFA × SAIC 上汽设计产学研合作课题项目流程

图 4-24 配套视频

案例｜荣威 CELL-HOME 细胞空间

<u>无人驾驶语境下的空间模块转换与出行体验</u>

　　国潮不仅仅是从图饰纹样到建筑这些可以被触摸、感知到的有形文化符号，更是道德观念、思想体系这些精神层面的文化内涵。在中国传统思想中，家是中国人最看重的生存要素之一，中国人的"家本位"，就是把家作为万事万物的参照点，把一切的事同家联系起来。在这个基础上，作者通过研究提出了细胞城市的概念。Cell 在拉丁语中也有着空间的本意，而在生物学上，它是构成一个生命体最小的单位。实际上，细胞与我们所处的建筑空间也有着千丝万缕的联系，因此作者想通过细胞分裂、融合的特性，对空间进行再定义。拥有相同 DNA 的可移动空间承载着不同的功能，由于其基本结构相同，通过物质交换，空间的属性可以发生改变（图 4-24）。

图 4-24　高紫玉作品，荣威"CELL-HOME"细胞空间，CAFA × SAIC 上汽设计产学研合作课题，2021 年

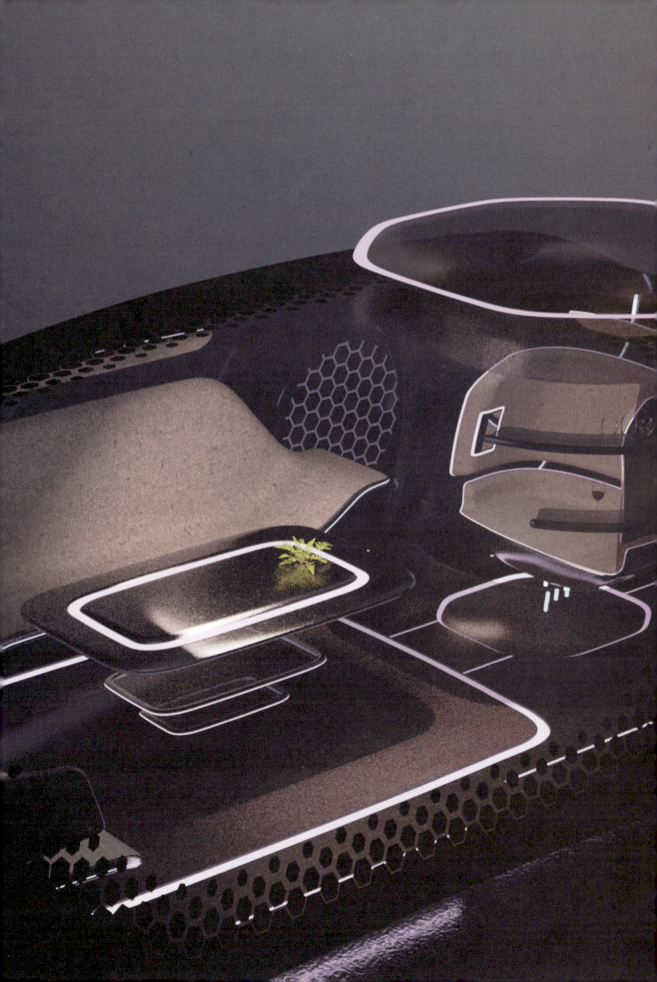

第三节
未来 / 共享 / 无人驾驶产学研课题：2027 GAC Mobility Icon

在这个智能化的时代里，交通工具必将发生革命性的变化，成为智能终端之一。2027年是广汽集团迈入世界100强的目标年，广汽作为智能移动出行生态系统创造者，致力于持续为用户创造更美好的生活体验。在这一背景下，广汽设计研究院与中央美术学院展开合作，开展未来/共享/无人驾驶产学研课题，以2027年无人驾驶大量普及的环境为背景，以"2027 GAC Mobility Icon"（2027广汽明星车型）为主题，从经济、文化、制造、资源生态的角度出发，深入了解交通系统与城市形态的关系，结合大数据、新能源、人工智能、智慧城市等概念，思考不同城市环境和道路条件下无人驾驶共享汽车的使用场景，以及用户全时间段的使用需求场景，设计与之相适应的交通系统和交通工具终端。

课题进行过程中，广汽设计定期派出设计团队及其他必要支持团队至中央美术学院进行教学指导和方案评审，中央美术学院出行创新设计专业教师负责课题全程教学及最终发布。参与课题的学生在广汽设计中心进行了调研及现场教学活动（图4-25）。

▶ 图4-25 "2027 GAC Mobility Icon"课题中，广汽设计定期派出设计团队及其他必要支持团队至中央美术学院进行教学指导和方案评审

用设计回答"一个"问题

灵感 1:关于乘客

进化的阵痛

- 如何让人们适应无人驾驶？
- 如何弥补驾驶乐趣的缺失？
- 如何解决无人驾驶可能带来的安全隐患？
- 无人驾驶会带来怎样的需求,如何满足这些需求？
- 共享汽车会带来什么潜在的不便？

灵感 2:关于车辆

进化的方向

- 传统的汽车部件会如何演变？
- 怎样在实现无人驾驶的过程中保持/塑造品牌形象/体验？
- 内饰会出现什么新部件,应该如何设计它们？
- 形态美学将如何演变？
- 人与车应该如何互动？

灵感 3:关于城市

进化的阵痛

- 无人驾驶会对城市/道路景观产生什么影响？
- 城市需要如何改变以迎接无人驾驶的到来（新设施、新设备、新规则、新系统）？
- 城市会如何影响无人车的形态演变？
- 如何让无人车成为道路中的 Icon？
- 无人车会对城市生活习惯产生什么影响？

◀ 图 4-26 "2027 GAC Mobility Icon"课题目的

一、课题目的:无人驾驶普及时代的出行方式设计

课题目的是在 2027 年无人驾驶大量普及的环境背景下,深入探讨交通系统与城市形态将发生怎样的变化。在本课题中,学生们需要设想的不是无人驾驶后的世界,而是把目光集中在实现无人驾驶的过程中会遇到的问题,例如怎样让人们适应无人驾驶、车辆本身的结构会发生什么变化,以及人们对车辆的审美会发生什么变化,需要对城市交通系统和基础设施做怎样的改造以适应无人驾驶环境等。这些问题需要通过创造性的思考、完整的设计流程,在整个项目进程中完成回答（图 4-26）。

◀ 图 4-27 广汽汽车工程研究院副院长、概念与造型设计中心主任张帆先生（右二）与中央美术学院设计学院出行创新设计方向师生探讨合作内容

第四章 出行创新设计课程案例 167

二、合作单位介绍

"广汽设计"是"广汽研究院概念与造型设计中心"的简称,英文缩写为"GAC DESIGN",是广汽集团自主核心设计枢纽,为集团旗下以传祺为主的自主品牌及部分合资品牌提供设计服务。自2006年成立至今,广汽设计始终坚持"引领式"创新模式,以打造世界瞩目的高价值先锋产品为自身使命,发展汽车概念与造型设计工作,形成了具备国际竞争力的设计创新能力,打造出国际一流设计品牌。"以最开放的思想,最先锋的态度,做最有引领性的设计",开创是广汽设计的核动力。

2006—2018年,广汽设计从4个人发展成为近300人规模的全球性创新组织,现已汇聚以广州、上海和洛杉矶为核心的全球创意资源。广汽设计通过吸收顶尖人才驱动先锋创意,助力广汽集团实现国际突破,助力中国品牌提升创新形象(图4-27、图4-28)。

▼ 图4-28 广汽研究院概念与造型设计中心前瞻设计部首席设计师陈奎文在中央美术学院进行教学指导和方案评审

| 01 | 基于大数据的出行方式趋势 |

| 02 | 基于出行方式的新交通系统 |

| 03 | 基于新交通系统的交通工具设计 |

| 04 | LIFESTYLE未来出行方式研究 |

| 05 | 智慧城市与智能交通工具研究 |

| 06 | 移动型人工智能/无人驾驶系统研究 |

| 07 | 新出行与大数据可视化研究 |

◀ 图4-29 "2027 GAC Mobility Icon"课题研究内容

三、研究内容

本课题基于广汽设计对未来出行的关注和研究,在中央美术学院的研究平台上,集合设计学科交通工具设计、视觉艺术、交互媒体和时尚艺术等专业领域的研究方法,进行在大数据背景下的全新出行方式研究(图4-29)。

四、项目流程

课题持续总时间为 8 周，按照"标本与激活""问题与逻辑""概念与定义""系统与新呈现""未来与赋能"的研究方法，将整个项目流程分为图 4-30 所示的 8 个模块。

▶ 图 4-30 "2027 GAC Mobility Icon"课题项目流程

第1周	第2周
设计理论模块 研究智能出行系统、人工智能可视化呈现及汽车文化发展过程，形成课题研究的技术逻辑	**科技设计模块** 以技术逻辑为基础，研究智能出行系统的非物质性呈现方式，并以技术功能样机的方式进行科技可行性评价

第5周	第6周
解决方案模块 以多元逻辑和多种技术手段提出针对问题系统的解决方案，并以上述方案对近景未来进行定义	**设计表达模块** 从材料、科技、工艺、数据计算、3D扫描、CAS和动态计算机辅助设计等模式入手，将对近景未来的定义方案完整化呈现

▼ 图 4-31 "设计理论模块"：广汽设计师团队师生对课题主题进行共同探讨

▼ 图 4-32 "战略设计模块"：探讨新技术背景下无人驾驶出行系统可能的形态

每位项目参与者须提交课程记录手册，以书写、草图、图示、图例、拼贴等任意手段呈现项目进行过程中的思考路径（图4-31~图4-34）。

第3周	第4周
战略设计模块 以技术诱因切入，研究由其触发的社会创新工程，构建全新的社会形态（出行创新）场景	**设计思维模块** 以出行创新场景流为研究平台，建构新型的技术伦理及其趋势

第7周	第8周
发布准备与媒介评价模块 发布文件准备以及通过媒介构建评价体系，完成对于设计输出的自我评价	**展览设计模块** 基于设计输出进行展览策划，将设计研究方法、概念、成果、评价呈现于展览之中，并完成完整有效的现场发布

▼ 图4-33 "设计表达模块"：进行草图推演，对近景未来及相应出行终端进行定义

▼ 图4-34 "发布准备与媒介评价模块"：参与师生在广汽技术中心进行方案汇报

图 4-35 配套视频

案例｜N·Unit-2027 智能化模块空间：基于出行方式的新交通系统

标本与激活：城市运转的要素分析

广汽"N·Unit"是自动驾驶和电气化的背景下，应用于小型商业街区的模块化载具。它具有移动机器人、无人贩卖机和移动服务商店的功能（图 4-35）。该项目基于这样的出发点来考虑：城市由诸多必要元素组成，除了物理性的高楼大厦外，还需要"活力"以及许多其他元素，才能让城市正常运转（图 4-36）。那么，无人驾驶的载具单位除了基本移动需求和空间服务需求外，还能带来什么效益？

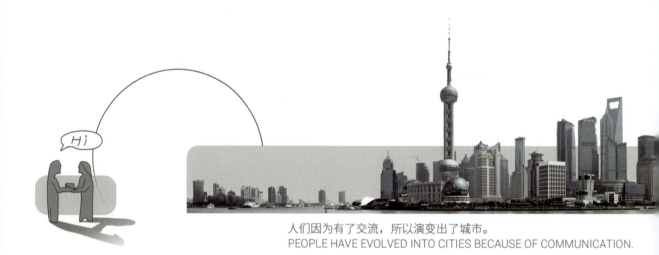

人们因为有了交流，所以演变出了城市。
PEOPLE HAVE EVOLVED INTO CITIES BECAUSE OF COMMUNICATION.

载具因为具备了相互交联功能，所以成长出了系统。
THE VEHICLE HAS GROWN INTO A SYSTEM BECAUSE OF ITS CROSS-LINKING FUNCTION.

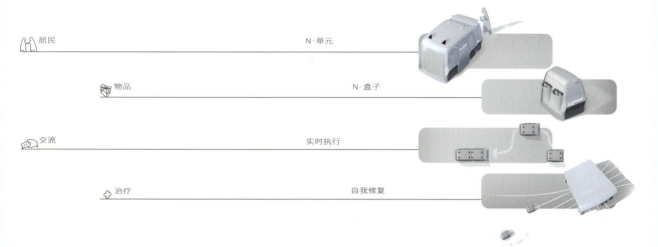

居民	N·单元
物品	N·盒子
交流	实时执行
治疗	自我修复

▲ 图 4-35 郑坚辉作品，"N·Unit"智能化模块空间，"2027 GAC Mobility Icon"课题作品，2019 年

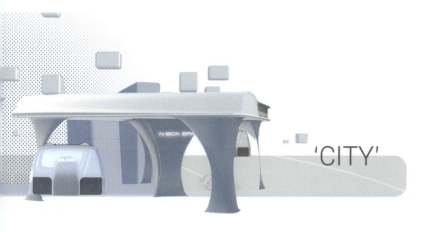

◀ 图 4-36 当人与人发生交流，城市应运而生；当车与车发生交流，城市的结构也会发生相应改变。城市运转离不开四个要素：居民、物品、交流、治疗。传统的"需求-响应"方式往往带来诸多不便，模块化的载具可以更好地响应这些需求

问题与逻辑：共享载具如何反馈物流系统

随着科技的发展，人们寻找载具的方式也在升级——从最早的被动等待公交车或出租车，到主动打电话预约，再到通过软件发送需求。随着商业模式的进步，乘客支付的边际成本趋零，移动载具的价值逐渐抽象化。共享的出行网络表面上减少了对出行载具的需求，但实际上，随物联网和信息网的接入，资源流动的速度增加，"蛋糕"被做大了，反而会给整个出行和物流系统带来正向的反馈。

因此，作者重新思考了载具与物流系统之间的关系：共享载具能否成为物流系统的载体？如果载具的尾箱成为可以分离和组合的独立物流空间，是否可以使载具的空间属性发生相应变化？

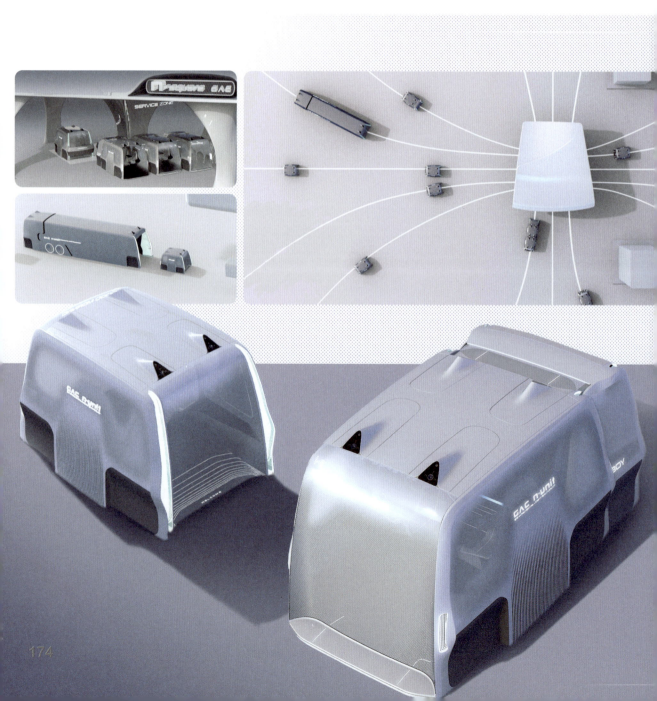

概念与定义：平行城市

在本课题中，作者将城市的居民、物品、交流与治疗等资源分层考虑，构建了"平行城市"，而载具则作为"虫洞"，负责把这些平行的层次连接起来。这一任务通过载具的模块化来实现——载具可以作为模块单元来互相串联，当来自不同服务商，载有快递、咖啡、花束的尾箱模块与载人的主模块相互对接时，载具空间的属性被改变，"虫洞"就打开了（图 4-37）。

▼ 图 4-37 自动驾驶模式下，模块化载具如流动的血液般生生不息地移动，不受时间、地点的限制。尾箱模块可以搭载来自不同服务商的商品

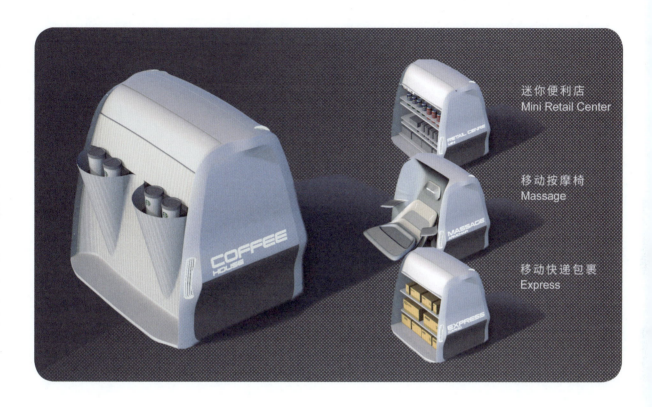

迷你便利店
Mini Retail Center

移动按摩椅
Massage

移动快递包裹
Express

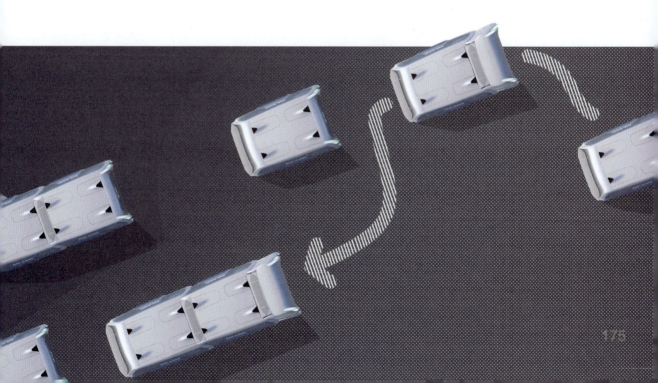

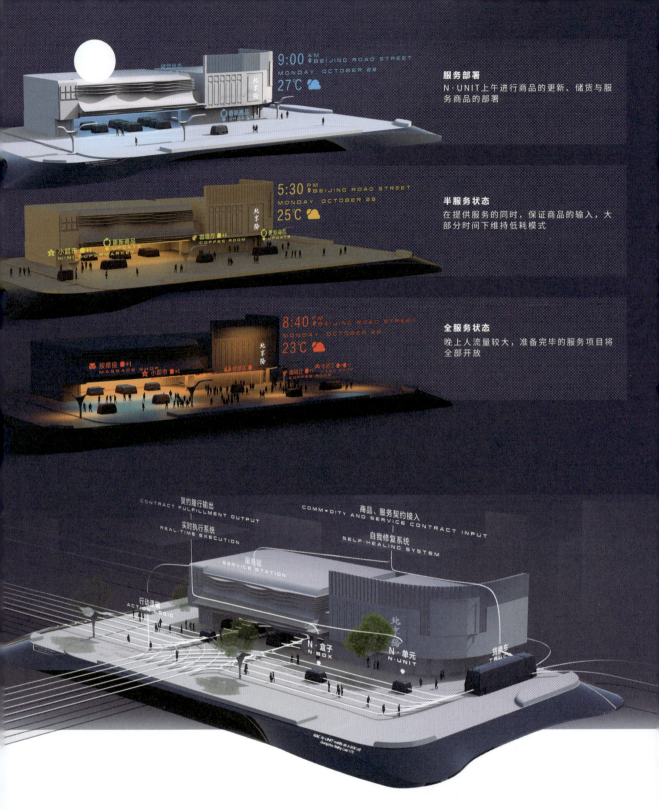

▲ 图4-38 "N·Unit"的模型运行模式，不同时间段具有不同的运行模式

系统与新呈现：以"广州千年商都"为例

课题选取"广州千年商都"北京路商业步行街作为样本。经过实地考察发现，该地区人流密集，每日约40万人次。步行街内空间狭小，禁止车辆通行，缺乏公共服务点是这一地区面临的主要问题。

作者将"N·Unit"置于这样一个模型中，系统将分为"服务接入"与"履行输出"，并按照不同时间段分为"服务部署""半服务状态""全服务状态"三个运行模式（图4-38）。图4-39～图4-41所示为该项目中更多案例。

▼ 图4-39　吕铭浩作品，"2023 U-JOURNEY CONCEPT"商务出行体验设计，"2027 GAC Mobility Icon"课题作品，2019年。作者选择以宁静致远的中式审美为出发点，希望在这个行进的"家"中为用户提供安全、健康、灵活、高效、个性化的全流程服务

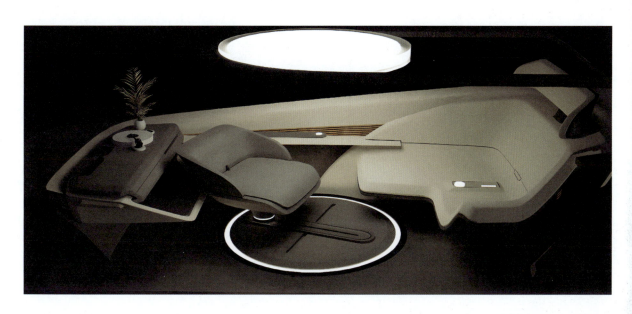

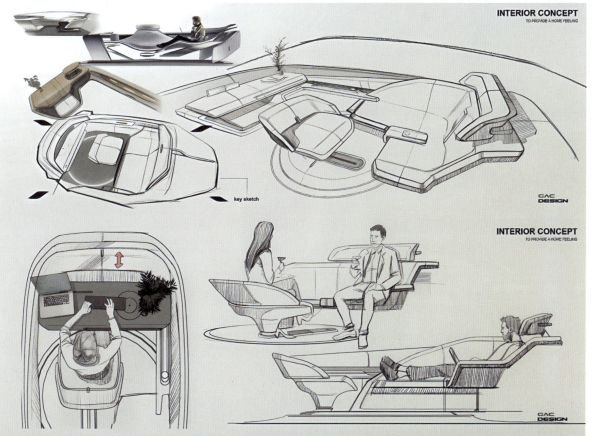

RESEARCH 调研   IDEATION 前期概念

BUSINESS TRAVELERS TRAVEL AN AVERAGE OF 10.5 TIMES A MONTH, AND THE NUMBER OF TRIPS AND TAXI TRIPS ARE MUCH HIGHER THAN
商务旅客每月平均旅行10.5次，而旅行和出租车的次数比非商务旅客高得多

MORE THAN 10% OF BUSINESS TRAVELERS NEED TO TRAVEL TO 2 OR MORE THAN 2 CITIES EACH MONTH
每月有超过10%的商务旅客需要前往2个或2个以上城市

DURING BUSINESS TRIP, THE NIGHTLIFE AFTER WORK IS ALSO COLORFUL, ONLY 25% OF PEOPLE RETURN TO THE HOTEL DIRECTLY AFTER WORK
在商务旅行中，下班后的夜生活也很丰富多彩，只有25%下班后直接回到酒店

The report shows that in recent years, the growth rate of China's business travel management market has continued to outpace GDP growth. According to iResearch's monitoring data, the transaction size of China's business travel management market in 2018 was 226.12 billion yuan, an increase of 18.9% over 2017. With the increasing acceptance of third-party business travel management by domestic companies, iResearch predicts that the Chinese business travel management market will maintain a steady growth trend in the next 2-3 years.

报告显示，近年来，中国商务旅行管理市场的增长率超过GDP增长。根据艾瑞咨询监测数据，2018年中国商务旅行管理市场交易规模为2261.2亿元，比2017年增长18.9%。未来2-3年，商务旅行管理市场将保持稳定的增长趋势

CHANCE — BASED ON URBAN AGGLOMERATIONS, TO ESTABLISH CONNECTIONS BETWEEN SMALL CITIES
TIER 1 CITIES AND CITIES IN THE YANGTZE RIVER DELTA REGION HAVE THE HIGHEST PERCENTAGE OF BUSINESS TRAVELERS

WITH THE FURTHER DEVELOPMENT OF URBANIZATION IN CHINA, THERE WILL BE MORE AND MORE EXCHANGES BETWEEN URBAN AGGLOMERATIONS AND MORE BUSINESS TRIPS BETWEEN URBAN AGGLOMERATIONS
随着中国城市化的进一步发展，城市群之间的交流将越来越多，城市群之间的出差也将越来越多

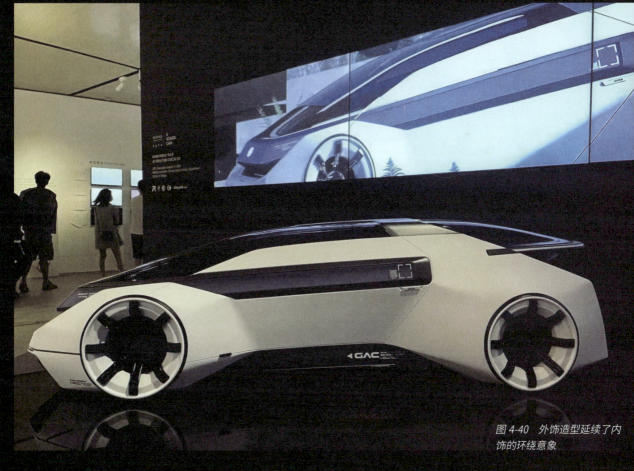

图 4-40　外饰造型延续了内饰的环绕意象

图 4-41　吕铭浩作品，"U-SPACE 2027"无人驾驶技术下城市新幸福空间体验，"2027 GAC Mobility Icon"课题，2019 年。U-SPACE 是一个以声音体验改善出行体验的出行概念。城市在时时刻刻发出各种各样的声音。声音通过不同的载体，在不同的空间碰撞、反射。当交通工具游走于城市中时，穿梭于不同的空间时，就如同在现场表演(liveset)中，随着时间的行进，情景发生交替，而 U-SPACE 则是当中的混合器。U-SPACE 整体结构类似于悬浮音箱，可以得到更好的共振效果，可升降的平台有助于得到更好的混响

第四节
GO PLUS! 2028 Smart Sharing Solution 理想汽车 / 滴滴出行合作课题

基于理想汽车 / 滴滴出行对未来出行的关注和研究追求，2018 年，在中央美术学院的研究平台上，集合设计学科汽车设计、视觉艺术、交互媒体和时尚艺术等专业领域的研究方法，开展在大数据背景下的出行方式研究。

"GO PLUS! 2028 Smart Sharing Solution"（2028 智能共享解决方案）课题由理想汽车 / 滴滴出行提供研究经费，同时开展"Intelligent Mobility Lab"（智能出行工作坊）课程，由相关专业教师和专业人员组成教学团队，编制研究计划书，关注前瞻性的设计、研究和教育，按计划完成研究成果并发布。

▶ 图 4-42 "GO PLUS! 2028 Smart Sharing Solution" 课题目的

DESIGN | 设计

- 基于大数据的出行方式趋势
- 共享出行背景下的交通工具终端设计
- 基于共享出行的城市交通系统

RESEARCH | 研究

- 未来出行方式研究
- 智慧城市与智能交通工具研究
- 移动型人工智能/无人驾驶系统研究
- 新出行与大数据可视化研究

EDUCATION | 教育

- 年度产学合作教学课题
- 系列化短期WORKSHOP
- 设计与文化公开课
- 设计论坛与峰会
- 设计赛事策划与实施
- 企业培训

一、课题目的

根据自动驾驶汽车运输的是乘客还是货物、车辆所有权和行驶道路条件的不同,未来无人驾驶交通应用了从高自动化到全自动化的自动驾驶技术,可以实现包括城市自动驾驶服务、长途物流运输和最后一公里配送等在内的一系列服务。

因此,本课题的目的是研究共享出行普及的使用场景下,如何将不同的元素融合到一起,形成自动驾驶生态系统,以实现自动驾驶汽车的最高利用率(图4-42)。

二、课题背景

自动驾驶共享出行的出现将会重构整个产业链。在这个转变过程中,将使保险、航空、铁路和基础设施等行业产生连锁反应。自动驾驶共享出行可能会从根本上改变车主和公共交通的状态。通过提供更低的成本、更大的便利,自动驾驶共享出行将改变人们对城市出行的看法(图4-43)。

当今的消费者将汽车当作全能工具,既用于通勤,也用于全家出游。未来,他们可能希望就某一特定目的灵活选择最佳出行方式,并通过智能手机进行选择。消费者按照不同目的选择定制方案的新习惯,将会催生用于特定目的的定制车辆。

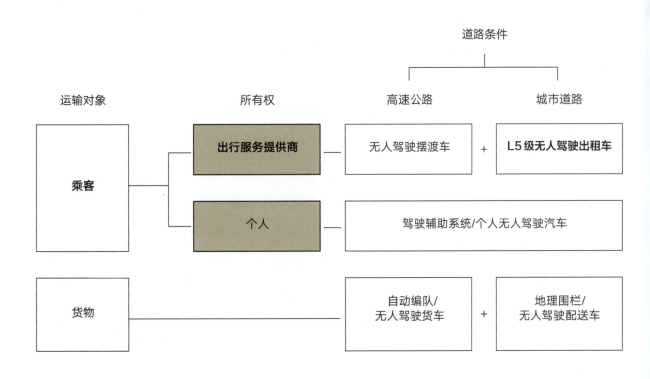

▲ 图4-43 无人驾驶共享载具的出现将重构整个产业链

三、合作单位介绍

理想汽车

"创造移动的家,创造幸福的家"是理想汽车的品牌使命。理想汽车聚焦于为家庭打造更安全、更舒适、更便捷的产品与服务。造型设计团队成员来自 10 个不同的国家,坚守"只做极致的产品"的设计信念,遵循"Less but Better"(少即是多)的造型设计理念。理想汽车视创新精神为企业可持续发展的不竭动力,用科技为用户创造价值。

滴滴出行

作为移动出行科技平台,滴滴出行致力于用本地化的人工智能技术推动智慧交通创新,共同解决全球交通、环保和就业挑战。滴滴出行希望通过本次课题,提升用户体验,创造社会价值,建设安全、开放、可持续的未来移动出行和本地生活服务新生态。滴滴出行认为,自动驾驶技术部署在共享出行的车队中将助力创造更大的社会价值(图 4-44)。

▼ 图 4-44 滴滴出行设计总监冯超在"Intelligent Mobility Lab"设计公开课上指导学生

01	车和家联合滴滴出行赞助中央美术学院出行创新设计方向 Intelligent Mobility Lab 学生概念交通工具设计课题
02	完成 Intelligent Mobility Lab 及 2027 Sharing/Intelligent Mobility & Home 课题的视频纪录片和图书（项目取告）制作
03	举办 Intelligent Mobility Lab 设计论坛和设计公开课各 1 次
04	课题成果于 2018 年中央美术学院毕业季期间公开展出

◀ 图 4-45 "Intelligent Mobility Lab"设计实验室合作内容

四、课题内容

理想汽车与滴滴出行为中央美术学院设计学院出行创新设计专业本科及研究生学生提供设计研究课题，该课题的设定基于三方的良好协商，主题为：2027 共享 / 智慧出行与家（2027 Sharing/Intelligent Mobility&Home）。

该课题于 2017 年 12 月正式开展，至 2018 年 6 月结束。中央美术学院设计学院出行创新设计专业本科生及研究生依据课题要求，完成 8~10 套未来出行方式和前瞻交通工具设计研究课题成果（图 4-45）。最终提交物包括但不限于每套方案的设计研究报告、框架结构报告、图纸与模型、数字模型与视频等。在课题执行过程中，理想汽车 / 滴滴出行设计师及其他相关工作人员为参与项目的学生提供指导和培训，按照课题进度由不同设计师和工程师承担（图 4-46）。

▲ 图 4-46 "Intelligent Mobility Lab"设计公开课海报

五、项目流程

课题持续总时间为 8 周，整个项目流程分为图 4-47 所示的 7 个阶段。

▶ 图 4-47 "GO PLUS! 2028 Smart Sharing Solution" 课题项目流程

第1周	第2周
项目启动阶段	调研&初期草图阶段
项目启动仪式	方案设计指导
• 方案评审	• 方案评审

第5周	第6周
油泥模型阶段	CAS模型阶段
中期汇报	油泥模型评审
	设计论坛&公开课
• 方案评审	• 方案评审

▼ 图 4-48 "项目启动阶段"：理想汽车设计总监那嘉向学生介绍对课题的期望

▼ 图 4-49 "概念发展阶段"：理想汽车设计总监那嘉指导学生创作

课题旨在引导学生以系统性的客观方法和逻辑性的主观方法,完成对包含出行创新系统在内的未来范式的定义。课程尤其强调研究过程的完整性,并非输出结果的专业性(图 4-48~图 4-51)。

第3周	第4周
概念发展阶段	
方案阶段性汇报	
设计论坛&公开课	
● 方案评审 ● 方案评审 ● 方案评审	

第7周	第8周
实物模型阶段	发布准备阶段
最终发布准备	最终汇报
● 方案评审	● 方案评审

▼ 图 4-50 "油泥模型阶段":
理想汽车设计师与央美教学团队共同评审油泥模型

▼ 图 4-51 "CAS 模型阶段":
央美师生进行内部数字模型评审

案例｜MOBIUS - 共享出行系统基于大数据的分时共享交通

零边际成本社会的机遇：可改变职能的共享空间

　　数据将交通工具与城市区域连接起来，交通工具的边界正在逐渐模糊。同时，零边际成本的共享社会为我们带来了更多机遇。未来出行交通工具将成为一个个性化、可移动，并与实时生长更新的数据网络结合的智能终端。大数据系统中的轨迹数据可以为交通提供基于人群流动的需求自主调配网络。那么，两者的共同作用，将给城市带来怎样的影响？给人的行为方式和生活习惯带来怎样的冲击？

　　在一个物联网、合作共赢的新经济时代背景下，作者以望京社区为样本，将人的真实出行所形成的轨迹信息转化为数据，基于资源的整合划分区域，形成被数据云计算连接着的不同资源区。在一天的不同时段，每个类别资源区的交通需求都有着不同的特征（图 4-52）。

▶ 图 4-52　邢天巧作品，"MOBIUS"共享出行系统，"GO PLUS! 2028 Smart Sharing Solution"理想汽车/滴滴出行合作课题作品，2018 年

4　通勤模式 / SHARE RIDE MODE

"MOBIUS"是活跃在各个资源区之间的自动化的共享交通工具,在共享通勤之余,根据不同需求改变交通工具的职能,延伸出一个共享空间。它将分享、互联和数据互通的概念融入交通工具,从而模糊了"交通工具"的边界,并以去中心化的数据地图为基础,形成自动化的共享区域交通。以望京社区为例,作者将"MOBIUS"的移动轨迹可视化。本案例将共享互联和数据交换的概念融入交通工具中,发展成一个移动智能空间。这个空间的功能会随着人们的实时运动轨迹改变,形成基于地图大数据的自动共享载具(图 4-53)。更多案例见图 4-54 ~ 图 4-57。

◀ 图 4-53　以望京社区为例,将社区地块按照居住、办公、教育、医疗分类,并通过大数据统计每个地区的出行需求,可以让不同功能类型的交通载具按照实时需求出现在最需要的地方

▼ 图 4-54 陈逸童作品，"Li Auto M01"，理想汽车×中央美术学院产学研合作课题，2022年。该作品尽可能摒弃了复杂的和夸张的造型修饰，以极简作为核心原则，以匹配其移动家庭空间的产品定位，通过独特的内饰布局体现理想汽车"创造移动的家，创造幸福的家"的设计理念

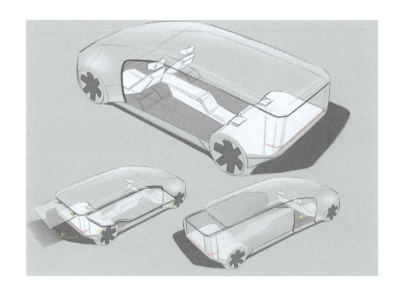

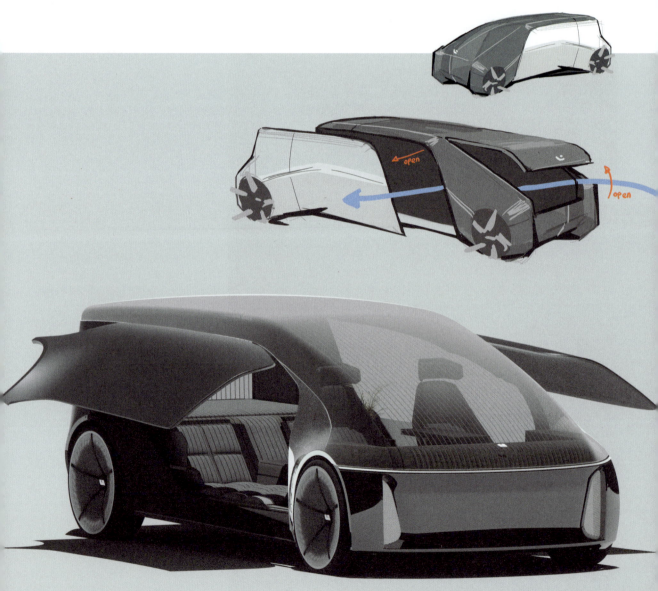

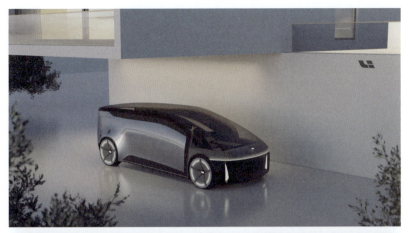

◀ 图 4-55 用户可以在"理想生活中心"得到方便的服务

◀ 图 4-56 交通工具既是生活空间,也是元宇宙的入口

▼ 图 4-57 技术的进步可以帮助我们更自由地选择生活方式,为我们创造更多与家人共处的时间,为人们创造更多接近现实世界的机会

第五节
奥迪 2025 Next Premium 合作研究课题

该课题由中央美术学院师生与奥迪设计师共同完成,以产学研互补的方式,针对未来高端出行方式的可能性展开探索。

在新能源交通工具、无人驾驶技术高速发展的背景下,未来移动方式将发生颠覆性变化。"高端"(Premium)是奥迪对自我的定义,其含义也将随着技术与生活方式的变革发生改变。因此,通过这一课题,企业与院校展开合作,为奥迪在 2025 年如何诠释"高端"的定义提出各种可能性(图 4-58)。

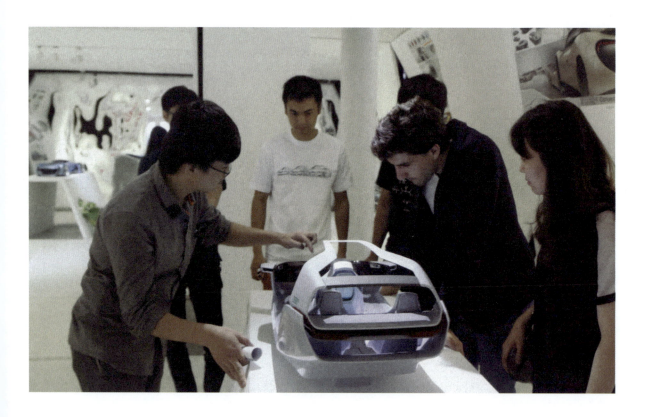

▼ 图 4-58 奥迪 2025 Next Premium 合作研究课题汇报

01	中文语境下对"高端"的定义研究
02	体现高端感的内外饰造型语言
03	新兴科技对造型语言的影响趋势研究
04	未来高端消费者生活方式
05	无人驾驶汽车内外饰造型设计
06	适用于中国市场的高端感色彩/面料研究

◀ 图 4-59　奥迪 2025 Next Premium 合作研究课题内容

一、课题目的

随着汽车产销量在全球登顶，中国成为国际车企最重视的市场之一。2012 年，豪华汽车品牌中，奥迪在中国销量排名首位，这与奥迪本土化的设计策略有着密切关系。奥迪的自我定位是一个"高端"而非"豪华"品牌，而"高端"的含义也随着文化语境的不同、时代科技的发展而在时刻发生着变化。因此，课题希望探索中文语境下对于"高端"的定义，寻找相应的造型语言、科技元素、色彩与面料等，探究"高端"用户的使用偏好和生活方式，从而为品牌设计注入灵感（图 4-59）。

二、合作方介绍

奥迪中国研发中心是目前奥迪除德国总部外最大的、具备端到端开发能力的研发实体。中国设计团队能直接倾听中国客户的心声，了解中国客户的需求。奥迪设计团队认为，中国消费者的独到见解，代表着对高端出行的期望。中国消费者对汽车的空间、舒适度、智能化有着更高的要求，这些要求与奥迪的工程师、设计师的创意和专长结合，是推动团队进取前行的不竭动力。团队相信奥迪打造的满足中国市场的产品，必将受到消费者的青睐。

三、项目流程

课题开展分为两个阶段：第一阶段为外饰设计阶段，产业设计师与师生一起对"Premium"如何在外饰上呈现进行探讨，并针对具体的草图、效果图、油泥模型给出大量可操作性的建议。第二阶段为内饰设计阶段，除造型外，学生也在材料和工

▶ 图 4-60　奥迪 2025 Next Premium 合作研究课题项目流程

第1周	第2周	第3周	第4周
项目启动阶段	概念发展阶段		油泥模型阶段
项目启动仪式	外饰设计		
	● 方案评审		● 方案评审

第9周	第10周	第11周	第12周
概念发展阶段		CAS模型阶段	
内饰设计			
	● 方案评审		

▼ 图 4-61　"项目启动阶段"：奥迪 2025 Next Premium 合作研究课题启动仪式现场

▼ 图 4-62　"概念发展阶段"：产业教师与教学团队一起为学生的方案做指导

艺上对内饰的"Premium"定义进行探讨，并进行了大量材料实验，产生了很多有趣的结果（图4-60）。该课题的阶段性成果由奥迪设计师向德国总部汇报（图4-61~图4-64）。

| 第5周 | 第6周 | 第7周 | 第8周 |

油泥模型阶段 | CAS模型阶段 | 实物模型阶段

外饰设计 | 外饰汇报

● 方案评审 ● 方案评审

| 第13周 | 第14周 | 第15周 | 第16周 |

CMF设计阶段 | 实物模型阶段 | 发布准备阶段

内饰汇报

● 方案评审 ● 方案评审 ● 方案评审

▼ 图4-63 "油泥模型阶段"：奥迪设计团队帮助学生对油泥模型进行调整

▼ 图4-64 "发布准备阶段"：奥迪外观设计总监、慕尼黑设计工作室负责人阿奇·巴德史蒂卜纳（Achim Badstuebner，右二）及奥迪设计团队与央美教学团队共同指导课题

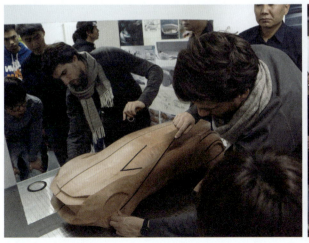

▼ 图 4-65 王志坚作品,"Audi 2050 iEco"概念内饰设计,奥迪 2025 Next Premium 合作研究课题,2015 年。内饰的整体布局由可以任意布置的座椅和将座椅固定在地板上的磁力线构成。当乘坐人数少时,多余的座椅可以收纳在主座椅后面,腾出更多可以灵活利用的空间

案例 | Audi 2050 iEco 概念内饰设计

可变布局的无人驾驶内饰设计

众所周知,中国是当今城市化速度最快的国家之一,但同时也有诸多问题伴随而来——城市空间拥挤、城市生态环境恶化、居民生活压力增大。交通是影响城市状态的决定性部分,为解决这些问题,交通工具在人们生活中扮演的角色必将改变。该设计通过改变内饰布局及功能性设计,来改变人们在车内的行为,进一步改变人与车的关系,从而改变人与城市的关系(图 4-65~图 4-67)。更多案例见图 4-68。

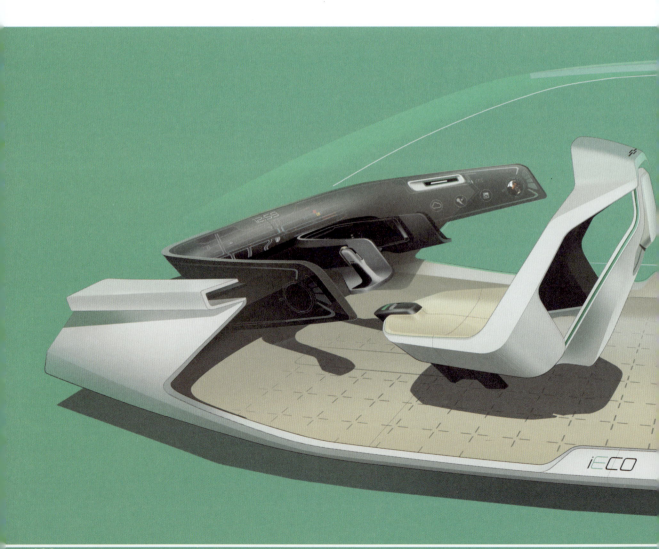

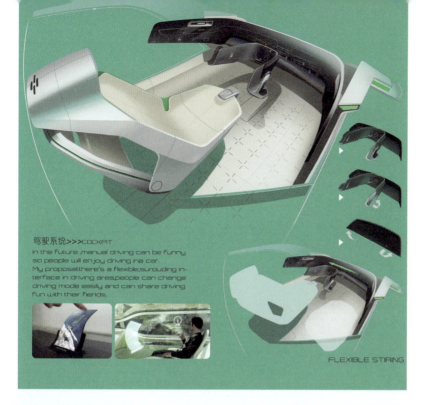

驾驶系统>>>COCKPIT

In the future, manual driving can be funny so people will enjoy driving in a car. My proposal, there's a flexible, surrouding interface in driving area, people can change driving mode easily and can share driving fun with their fiends.

FLEXIBLE STIRING

◀ 图 4-66 柔性屏幕的使用是驾驶系统的核心概念。通过将柔性屏幕与方向盘的巧妙结合，内饰可以自由在无人驾驶和手动驾驶两种模式之间切换

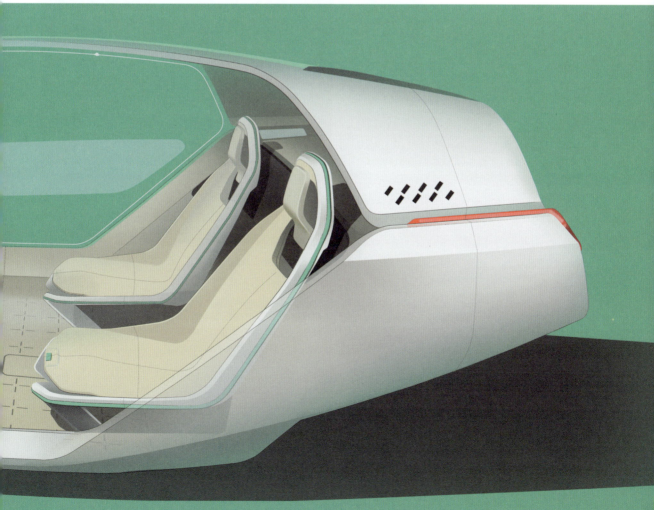

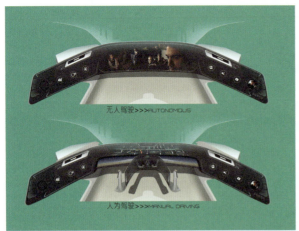

▼ 图4-67 柔性屏幕帮助内饰自由在无人驾驶和手动驾驶两种模式之间切换。通过灵活配置座椅,可以轻松实现放置大件行李物品、旅行、多人交谈、私密聚会等模式

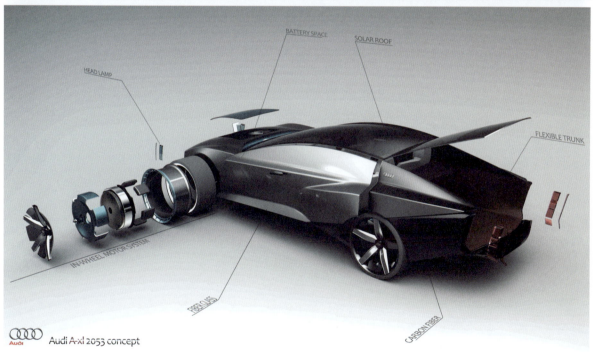

▲ 图4-68 徐逸雄作品,"Audi A-xl 2053 concept",2012 年